転換の時代を生き抜く

投資の教科書

後藤達也

日経BP

はじめに

「はじめに」が長い本、私は少し苦手です。

もともと「読みたい！」と思っていた本でなければ、「はじめに」の途中で集中力が途切れます。

というわけで、見開き2ページに、この本への思いを詰めてみます。

「月1万円、つみたて投資やっています」

「とりあえずS&P500を買っておけばいいんですよね？」

ここ数年、こんな声を聞くことがすごく増えました。

20歳前後の方もいれば、40〜60代で投資を始める人もまったく珍しくありません。

「人生100年時代」、長生きはすばらしいことですが、老後の生活費も膨らみます。

資産形成の意識が高まるなか、この10年は株高や円安が進行。NISAなど政府の投資促進策も追い風となり、「これまで動かなかった」人が動き始めています。でも、「何から始めればいいのかわからない」「勉強も大変そう」「金融機関にうまく手数料をとられるだけではないか」と、二の足を踏む方が多いのも事実です。SNSなどでは煽り気味の情報も溢れ、投資詐欺のニュースもしばしば流れます。

この本は投資に興味のなかった方に、わかりやすく、偏りなく、投資の世界を案内するのがねらいです。ハードルは低く、膨大な資金や時間もかかりません。

投資を通じて得られるのは、おカネだけではありません。

株価は、景気や企業だけでなく、政治、国際情勢、金融政策、テクノロジー、自然現象、さらには若者の価値観の変化などさまざまな要素を映し出す鏡です。それまで心に響かなかったニュースも、投資をしていると、次々とつながってきます。そして、投資家は自らのおカネを託し、企業や国を応援します。世界経済の活動を自分事ととらえ、能動的にかかわっていくわけです。発想力、思考力、リスク感覚が磨かれ、激変の社会を生き抜くのに欠かせないスキルにもなります。

投資家が話しあうと、とても熱心で、楽しそうです。これは単に「カネ儲け」で盛り上がっているのではなく、投資の世界は「おもしろい」からだと思います。

この本は異例の編集プロセスを経ました。私のnote（課金型の記事配信プラットフォーム）会員など数万人もの人に一部の原稿をご覧いただき、そのフィードバックをもとに修正を重ねました。表紙もご意見を募り、信頼できそうで手にとりやすそうなデザインにしました。いままでにない読者目線の「投資の教科書」です。

では、さっそく投資の世界を覗いていきましょう。

CONTENTS

第2章

株・会社・決算……そもそもから考え直してみよう

第3章

株価はなにで動くのか

第4章

中央銀行は金融市場の心臓

第5章 投資をはじめよう

第1章

投資が欠かせない時代に入った

日本株のイメージが変わった

最初に私の個人的な話をさせてください。

大学を卒業して、日本経済新聞社に入ったのが２００４年でした。〈１－１〉の日経平均株価の図をごらんください。就職活動中の２００３年には日経平均が当時のバブル後最安値をつけ、日本経済は閉塞感が強まっていました。

バブルが崩壊したのは私が小学生のとき。つまり、ニュースに関心を持つようになってから社会人になるまで、経済も株価も停滞が続いていました。**この時代は、世の中で株といえば、「株は手を出したら損をするもの」「どうせ今後も大きくは上がらない」といったイメージを持つ人が多かったときです。**これだけ株価が下がり続けていたら仕方ありません。

では、これから社会人になる20歳前後の人はどうでしょうか。この世代は、10歳前後でアベノミクス相場が始まりました。その後は振れがありつつも、右肩上がりです。「株は

日経平均株価が記録的な上昇

〈1−1〉

下がるもの」というイメージは薄れました。**私が20歳のころに見ていた風景は、今の若い世代には伝わらないはずです。**

株式投資が国民に普及するために最も必要なのは、株価上昇といわれます。この10年あまりで、その環境が整ってきました。証券会社では20~30代の口座開設が増えています。

そして2023年には日経平均は3万3000円台に上昇し、1989年末につけた史上最高値(3万8915円)も視野に入っています。株価が上昇した理由は表〈1―2〉のとおりです。**強引に一言でまとめると、「停滞してきた日本経済が変わりそうだ」という期待から株を買う勢いが強まっています。**

おりしも、2024年からは投資の税制優遇制度、NISAが拡充されます。

証券業界では、国民の資産形成への意識変化はこの数年で過去にないうねりが起こっているという声が掛け値なしに聞こえてきます。

この本を手に取ってくださっている方はそんな雰囲気を少なからず感じていると思います。この本では、むやみに株高をあおったり、極端な投資を推奨したりするつもりはありません。まずこの章では、投資に少し関心を持った方が、気軽に、健全に、楽しく投資の世界に入っていけるようご案内します。

日本株、なぜ上昇？

1 値上げ・賃上げ
2 インバウンドを含む個人消費の底堅さ
3 東証の資本効率・PBR改善要請
4 バフェット氏の日本株買い増し
5 日銀の低金利継続＆円安 →外国人投資家が日本株を大量購入

〈1−2〉

iPhone が揺さぶる国民の意識

前項で書いた日本株の上昇も大きな変化ですが、「iPhone 値上げ」というもっと身近な出来事が国民の投資への意識を揺さぶっています。私はしばしば大学や高校を訪れ、おカネの話をしています。そこで最も興味を持たれるのが iPhone 値上げの話です。

2022年秋に発売された iPhone14。1年前の iPhone13 と比べ、日本での販売価格が大きく値上げされました。実はアメリカでは iPhone13 と 14 は似たスペックで、値段は据え置きでした。**日本で値上げとなったのは「円安・ドル高」が直撃したから**です。

2021年末に110円台だったドル円相場は一時150円台を突破。1000ドルのモノを買うのに必要な円は11万円から15万円になったのです。

こうしてスマホは10万円以上が当たり前になり、20万円台も珍しくなくなりました。銀行に10万円の預金があっても、1年後にはいま10万円で買えるものが買えなくなっているかもしれない。そんな時代へ移ろうとしています。

iPhoneの日本価格に円安の波

2021年		2022年
iPhone 13（128GB） 98,800円	→	iPhone 14（128GB） 119,800円
iPhone 13 Pro（128GB） 122,800円	→	iPhone 14 Pro（128GB） 149,800円
iPhone 13 Pro MAX（最上位） 194,800円	→	iPhone 14 Pro MAX（最上位） 239,800円

（注）税込価格。iPhone13は発表時の価格。iPhone Pro MAXのみ最上位の1TB。

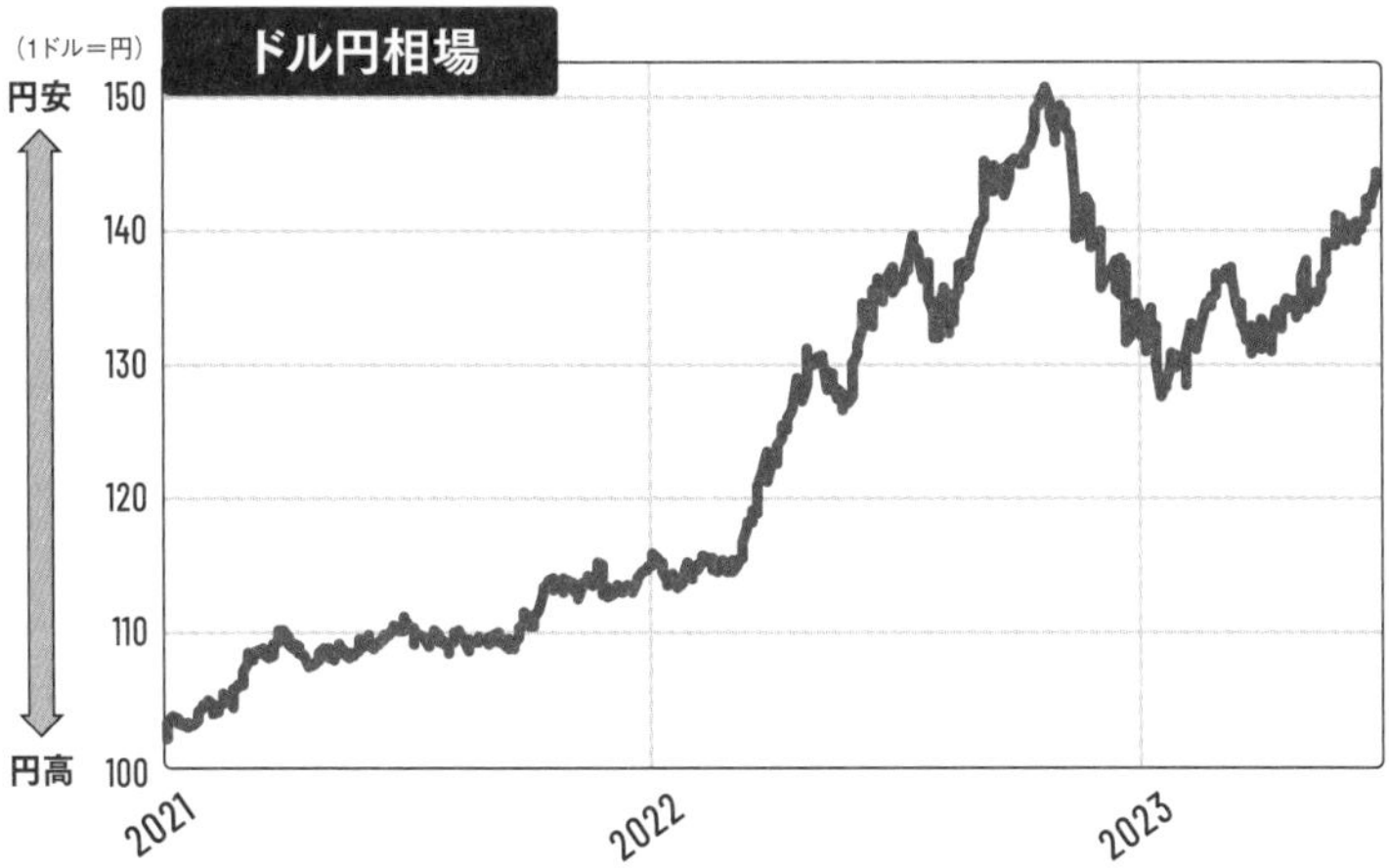

（出所：Apple 公表資料より著者作成）

〈1−3〉

一万円札10枚という物理的なおカネはかわらなくても、「10万円でなにを買えるのか」という実質的な価値は下がってしまいます。

値上げがめったにないなら、資産の大半は銀行預金でもよかったのですが、いまはそうではありません。「Cash is King（現金は王様）」といわれることがありますが、**インフレ下では現金は王様ではありません。**

値上げはiPhoneだけでないことはご存じのとおりです。日清食品のカップヌードルやカルビーのポテトチップス、キユーピーのマヨネーズなど、メジャーな商品が続々と値上げしました。マクドナルドは1年のうちに何度も値上げしました。

特に値上げが目立つのは電気代などのエネルギーや食品です。いずれも海外からの輸入に頼る度合いが高く、円安によって輸入にかかる費用が急激に高まりました。そして、やっかいなことにエネルギーも食品も生活必需品です。「高いなら買わない」という選択肢がとりづらくなっているわけです。

食品といってもコストは食材だけではありません。包装材も輸入に頼っている度合いが高いですし、配送にかかるガソリン代や営業や製造の電気代も円安の影響を受けます。

生活必需品は円安値上げのリスクにさらされているという構図は長く続きそうです。

投資はこうした円安インフレのショックを和らげる備えとなります。

株価はインフレ時に上がりやすく、外貨資産を持っていれば、円安への備えになります。資産価値が増えます。

逆に言えば、円資産を銀行預金一点張りにしてしまうのは、リスクを抱えることになります。これまで見てきたように、預金は円安やインフレには弱いことを意識することが大切です。外国株などに投資している場合、円安になれば円換算の評価額が増えます。**外貨や株式で運用していれば、円安やインフレが起こったときの保険のような役割を果たしてくれる可能性があります。**投資は資産を増やすためだけでなく、減らさないためにも有効な手段になります。

「別に大儲けしたくないから……」と投資を敬遠してきた人もいるでしょう。ただ、儲けるためではなく、将来の生活を守るためにも投資は検討に値します。**「攻め」ではなく「守り」の観点で投資の意義を考え直す**と、投資への見方も変わるでしょう。

もちろん株も為替も予期せぬ方向に動き、損することはあります。しかし、株や外国資産をまったく持っていないと、「円安」「値上げ」への抵抗力が弱まります。資産の一部を株や外国資産に移しておくことの重要性を意識する国民が増え始めています。

ディズニーランドも円安インフレ

2023年10月、**東京ディズニーランドの大人の入場料金が初めて1万円を超えました。**土曜など人気日は1万9900円、中高生で9000円に引き上げられました。家族連れで、園内で食事をしたり、お土産を買ったりすると、5万円も平気で超えてしまいそうです。

ここでも円安が効いています。

アメリカ人観光客からすれば、2022―23年に30％以上も円安・ドル高が進んだので、円での入場料が10～20％上がっても、**ドルでの負担は数年前よりむしろ安くなります。**

「1万円超え」は日本人にとって衝撃ですが、外国人からすれば大した驚きではありません。高いホテルやレストランも繁盛し、値上げ圧力が強まっています。

もうひとつ、メディアで話題を集めたのが、2023年4月に東京駅近くで開業した「ブルガリホテル東京」。最も安い部屋でも、平日の1泊料金が20万円台後半、土日だと30万円を超えることもあります。

ディズニーランド　ついに1万円台

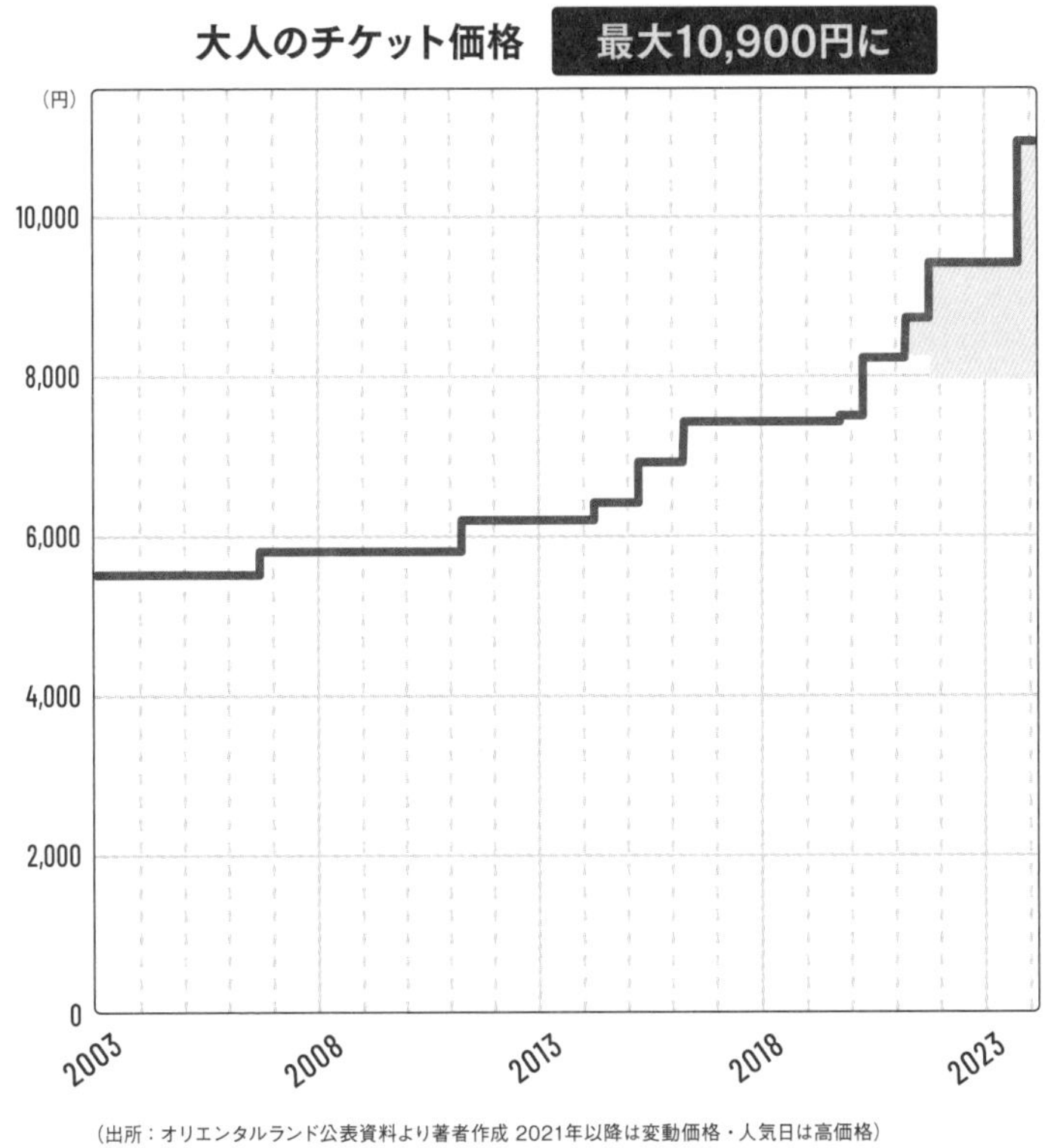

（出所：オリエンタルランド公表資料より著者作成 2021年以降は変動価格・人気日は高価格）

〈1−4〉

賃上げの機運があるとはいえ、レジャー分野の値上げは賃上げの勢いを凌駕しています。**日本人の低所得者や中間層にとっては「プチぜいたく」のハードルが上がっています。**

「円安になれば海外旅行の値段が上がるので、国内旅行に」と思っても、外国人観光客の急増と円安効果によって、国内旅行も記録的な値上げになっているわけです。

海外旅行に行かなくとも、海外製品を買わなくとも、生活コストは円安と無縁ではいられません。

円安で外国人観光客が増え、観光産業が潤うことは日本経済にとってプラスです。ただ、観光業が局所的に潤う一方で、国民が気軽にレジャーを楽しみづらくなるとすれば、日本の社会全体にとって喜ばしいことなのかというと、評価が難しい面もあります。

「人生100年時代」の「2000万円問題」

日本人の寿命が延びています。生きる年数が長くなるだけでなく、たとえば30年前の70歳の方と、今の70歳の方では、見た目の若さも活力も結構違うと感じる方が多いのではないでしょうか。

「人生100年時代」という言葉もよく聞くようになりました。老後も健康なのは好ましいのですが、**元気に長生きすると、それだけ一生涯に必要なおカネも増えてしまいます。**老後資金が枯渇してしまう「長生きリスク」という言葉もあります。

70歳でも80歳でもしっかり働いて、稼ぎもあれば理想ですが、そうとも限りません。60歳や65歳で定年を迎えた後でも暮らしていけるだけの貯えが必要です。

金融庁が2019年にまとめたレポートの「2000万円問題」が話題となりました。平均的な高齢夫婦の無職世帯をもとに試算したもので、30年間で2000万円が不足するというものです。

これが報道されると、「2000万円」という大きな数字に対し、世論で「そんなに用意できない」「年金はどうなっているんだ」と批判が殺到し、政府は釈明に追われました。試算方法や伝え方で配慮を欠いた面があったかもしれません。ただ、皮肉なことにも、**この騒動が大きくなったことで、「十分な老後資金が必要だ」という意識が国民に広がったのです。**

20代で株式投資を始めた人に聞くと、「老後の備え」という人もめずらしくはないほどです。

株式投資は損を被るリスクも当然ありますが、数十年といった長いスパンでは利益が出る可能性が高いと広く指摘されています。

「長生きリスク」が若者にとっても自分事となる一方、「60歳以降も確実に働いて収入を得られる」と胸を張れる人はこの変化の時代にはかなり少数でしょう。こうした切実な構造問題も国民の投資意識を後押ししています。

若いころからの投資経験は生涯の資産形成の武器になる

日本では定年を迎えてから投資を急に始める人が結構いました。まとまった退職金が振り込まれ、銀行員に勧められるままに投資信託を買うというパターンがあります。

もちろん、銀行員が勧める投資信託が一律に悪いわけではありません。リスクもコストもきちんと説明しているはずです。

しかし投資経験がなければ、リスクやコストをいくら説明されても、それが自分にとって本当に適切な投資商品か、判断が難しいはずです。どういう事態になればどれくらい損が起こりうるのか、やはり実際の投資経験がないと肌感覚でつかめません。

手数料への意識も薄くなりがちです。

投資信託でも購入時の手数料がゼロのものもあれば、数%に上るものもあります。たとえば手数料が3%であっても、1000万円分の投資信託を買うなら手数料は30万円にもなります。「どこで買っても大差ないだろう」とは片づけられない差です。

少額であっても、**早いうちから投資を始めていれば、いわば素振りのようにリスクやコストに対する感覚が磨かれていきます。**40代、50代になり、運用に回せるおカネがたまってきたとしても、投資経験がゼロの人と、20年の経験がある人では大きな差があります。少額でも若いころから投資の世界に長く触れていると、年とともに資産が増えても適切な運用判断をしやすくなります。

いま若かったり、預金がさほど多くなかったりしても、年を重ねるとともに資産形成と向き合う機会は増えていきます。それならば、早い段階から学んだほうが身につくものも多くなります。

これからは人生100年時代です。老後はこれまで以上に長い時間となります。元気に消費できる年数も長くなることでしょう。一方で、60歳を過ぎると、安定的に高い収入を得るのは簡単ではありません。

投資は人生設計とも深くかかわってきます。将来、どれくらいの資産が必要で、今後、どのようにリスクをとって投資に向き合い、消費とバランスをとっていくのか。**早い時期から考えることは人生設計をよりしっかりしたものにしてくれるはずです。**

投資の意義はおカネを増やすことだけではない

投資に二の足を踏む人ももちろんたくさんいます。一番よく聞くのは「投資にまわせるほど、十分な貯金がない」という声です。

たしかに若い方であれば、月1万円の積み立てもラクではないかもしれません。年10万円投資して、20％の利益が出ても、2万円です。お小遣いになるとしても、育児や老後の資金にはとてもなりません。手続きも勉強も面倒そうですし、投資は失敗すれば損も出ます。「それなら、とりあえず銀行に預けておけばいいや」と日々が過ぎていく人は何百万人、いや何千万人といると思います。

それでも私は、投資は誰にとっても意義のあることだと思います。**投資の世界を知ることは、これからの社会を生きていくうえで欠かせない教養・センス**だといっても過言ではありません。

投資を通じて得られるのは「おカネを増やす」ということだけではありません。

いざ投資を始めると、経済や企業ニュースはもとより、政治、社会、テクノロジー、海外、自然災害……あらゆるものへの関心が飛躍的に高まります。

コロナもウクライナ情勢もＡＩも脱炭素も株価形成に密接にからんできます。

少額であれ、「なぜ株価は上がったり下がったりするのか」という意識が少しでもあれば、あらゆるニュースが自分事として頭に入ってくるようになります。そして、さまざまな出来事が次々とつながっていきます。「風が吹けば桶屋が儲かる」ように、コロナが起点となりiPhone価格が上がったりします。

こうした発想の連鎖はおもしろいだけでなく、直接役立つ教養、センスになります。日々の仕事や転職に活きますし、学生なら就職活動にも大きく貢献します。

投資を始めるといっても構える必要はありません。

ちょっと英語の勉強を始めてみる、ちょっと健康に気を遣ってみる——。そのくらいの気軽な感じでＯＫです。英会話教室に通う人も、いますぐ英語でおカネを稼いだり、すぐに海外で生活したりする人ばかりではないですよね。「何年か経てば、役立つ日が来るはず」というモチベーションだと思います。ためしに英語を話してみたりして、おもしろさや難しさに気づきながら上達していきます。どうしても肌にあわなければ、やめることもでき

投資を通じて得られるもの

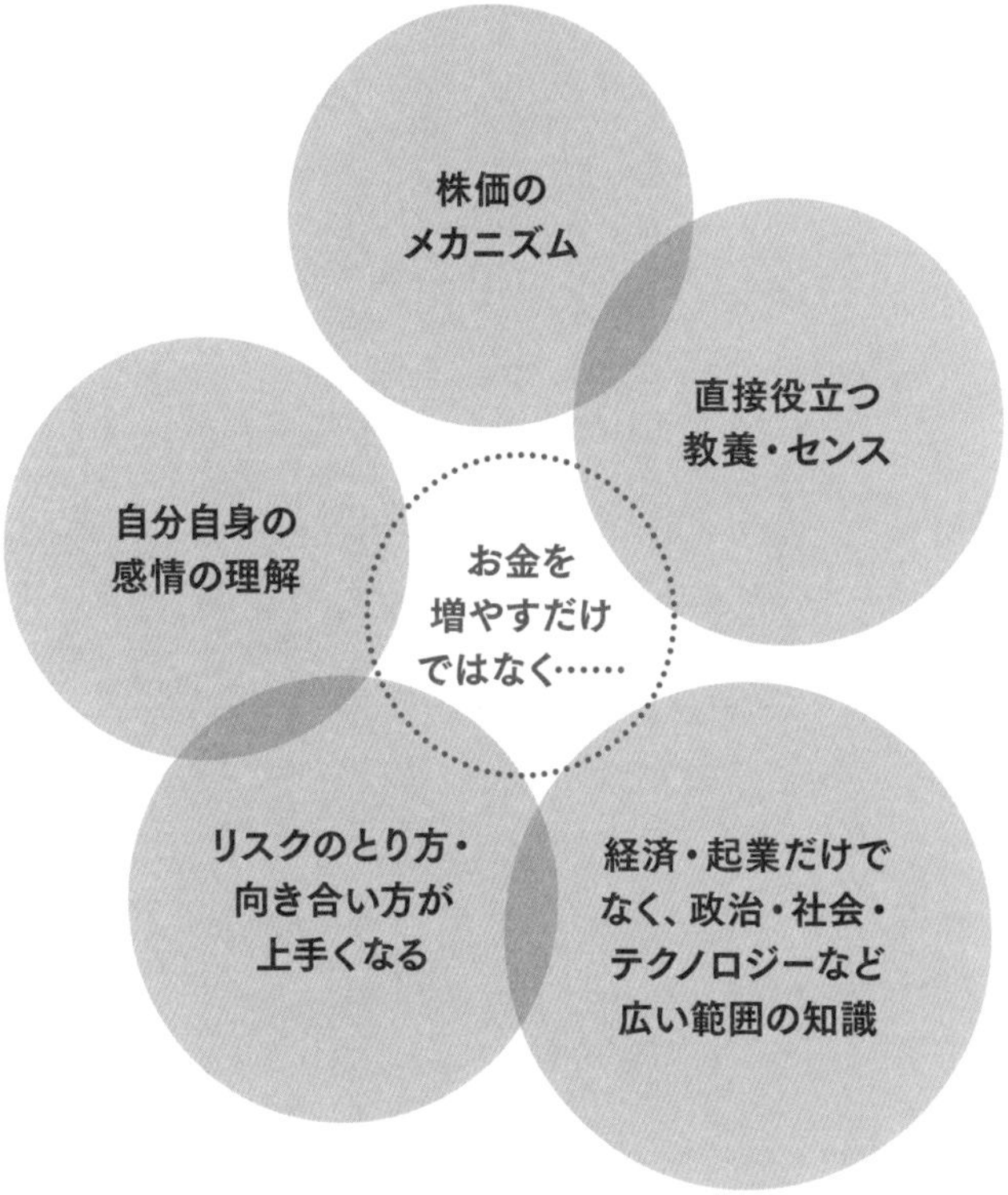

〈1−5〉

ます。
投資でも似たようなことがいえると思います。

「1カ月で○万円稼ぐ」「資産を2倍にする」といった野望を持たないことが大切です。「10年、20年のスパンでじっくり資産形成する」「仕事や生活に役立つ教養としての経済知識やセンスを身につける」といった少し達観したくらいの構えがよいと思います。

少額だと、大きな利益は得づらいですが、株価が急落してもダメージは抑えられます。むしろ、株価急落を肌身で体験することで学ぶことがたくさんあります。

株価が動くメカニズムがわかるだけでなく、持っている資産が大きく減ったときに自分自身の感情がどう動くのか。どういう投資をしていれば、もっと損失を抑えられたのか、あるいは被害が大きくなっていたのか。仕事でもそうですが、失敗から学ぶことはたくさんあります。

投資の世界で、連戦連勝が続くことはまずありえません。若いころから失敗も経験することで、リスクのとり方、向き合い方のバランス感覚が血肉となって鍛えられていきます。

私が株をはじめた理由

投資の意義を話してきましたが、かくいう私自身が投資をはじめたときはそんな壮大な意義を意識していたわけではありません。

大学一年生のときに、マネックス証券の創業者である松本大さんの講演をたまたま聞いたのがきっかけです。松本さんはかつて米銀ゴールドマン・サックス（GS）に勤め、異例の早さで出世していました。しかし、1990年代後半のインターネットの隆盛をみて、GSを辞め、ネット証券を立ち上げました。

松本さんはあと半年ほどGSに残っていれば、IPO（新規上場株式）の関係で数十億円もの収入を得られていたとされています。しかし、それを待っていてはネット急拡大の波に乗り遅れると判断し、数十億円をあきらめ、起業しました。

大学生の私は「すごいなあ」と感じました。ちょうどマネックス証券自体のIPOが数か月後に迫っており、当時あった30万円ほどの貯金を、松本さんの挑戦に投じようと思いました。証券口座を開き、マネックス株を購入。人生はじめての株式投資でした。

はじめのうちは株式の基本的な用語の理解もままならず、「株価はどうやって決まるのか」「どうやって売買するのか」すらわからないまま、投資の世界に入りました。

ちょっと無謀なように感じるかもしれません。株の入門書も読まず、インターネットでも十分に調べずに、門をたたいたわけです。

それでも、まずは少し触ってみるというのもいいと思います。

スポーツだってそうですよね。**野球でもテニスでもまったくボールにさわることなく、いきなり本や動画で勉強してもほとんど身につかない**と思います。投資も気負って、分厚い教科書での勉強から始めても非効率ですし、そもそもやる気が続かないはずです。

それで、私のはじめての投資はどうなったのか。実はビギナーズラックだったのか、ものすごく儲かりました。4万5000円で公開されたマネックス株を6株持っていたのですが、上場直後に株価は2倍以上になり、数日のうちに数十万円もの利益が出たのです。

大学生にとって数十万円の利益とは途方もない金額です。「なんだこの世界は」と一気に引き込まれました。ただ、「おカネ儲けしてやろう」という欲が暴走したというわけではありません。「何でこんなに値上がりしたのだろうか」「まだ上がり続けるんだろうか」「こんな急上昇はよくあることなのか、たまたま運がよかっただけなのか」。そんな素朴な疑問が続々とわき、一つひとつ自分なりにその答えを探るようになりました。

身銭を切っていることもあり、学ぶ意欲がケタ違いに高まります。

そうこうしているうちに、さまざまな情報が蓄積されていきます。当時キーワードだったITや不良債権も理解が進み、バラバラだった知識がどんどんつながっていきました。

当時、私は経済学部の学生でした。

大学の授業で学ぶ理論や歴史ももちろん大切ですが、私はむしろ株式市場で繰り広げられるドラマのほうに魅了されていきました。

市場は、企業も景気も政治も国際情勢も、あらゆるものが絡むなかで世界中の英知とマネーが綱引きする舞台です。「小説よりも奇なり」の集合体のような場所は多くの人の知的好奇心をも刺激しています。

というわけで、私の投資への入り口は「資産形成するぞ!」「ビジネス教養を身につけるぞ!」と意気込んだものではなく、「松本さん、すごいなあ」という衝動的なものでした。

それでも一度投資の世界に入ると、おもしろさと奥深さに魅了されました。

投資先に思いを巡らせることは経営の疑似体験

大学生のころは、主に日本の個別株の取引を重ねていました。トヨタのような輸出企業、ソフトバンクのようなＩＴ関連、当時は「不要論」まで飛び出していた総合商社、不良債権問題に苦しむ銀行、小売り……数えきれないほどの銘柄を売買しました。

株価を左右する要素は実に多くありますが、「将来どれくらい利益を稼ぎ出すか」が最も重要です。

もちろん、企業がどれくらい稼ぎ出すかなんて、その会社の社長であっても正確にわかりません。予期せぬショックだって起こりえます。そのなかでも、その企業のブランド、開発力、顧客の動き、ライバル社の動向などにアンテナを伸ばし、「この企業におカネを託そう」と決め、株を買います。

一例をあげましょう。

たとえばコンビニの売上高や利益は近所にある競合店との競争だけで決まるわけではあ

りません。

新型コロナウィルスの影響で外食の利用が急減すれば、スーパーで食材を買って、自宅で料理する人が増えます。ロシアのウクライナ侵攻で穀物の値段が上がると、パンやカップ麺の仕入れ価格が急騰します。人手不足が深まれば、バイトやパートの時給も上げなくてはなりません。景気全体が冷え込めば、企業の努力だけではいかんともしがたい面もあるでしょう。実にさまざまな要因が経営を左右します。

株価は、環境の変化にすぐ反応します。もちろん、コロナが拡大した瞬間やロシアがウクライナに侵攻した瞬間に、コンビニの今後の売上高がどうなるかを精緻に予測することはできません。しかし、株価は「こんなことが起こったら、だいたいこれくらいの影響が出そうだ」という予想のもとに変わっていきます。株価を見れば、「世の中の予想」がどうなのかを知ることができるわけです。

株価の動きを見ていれば、なにか事件が起こったときの、経済的な広がりをつかむことができます。そうした事例を数多く見ていけば、経済の仕組みがリアルタイムのドラマとして見えてきます。**投資先を選ぶ際に、ここはどうなるのかと思いを巡らすこと自体、社会の動きを考察することになるわけです。**

思いを巡らす先は、単にその企業の商品だけではありません。先述のようにコロナや戦争も大きな影響を及ぼします。政局、気候変動、若者の価値観の変化などなど、あらゆる事象が関連してきます。

見立て通りにいき、株価が上がれば素直にうれしいでしょうし、仮に見立てが外れ、株価が下がったときにも学ぶことがたくさんあります。自然災害など予期せぬ環境変化の影響かもしれません。思いのほか、顧客の心をつなげなかったのかもしれません。ライバル社が画期的なサービスを生み出したのかもしれません。

誰かがつくった単純な経営ゲームではなく、変化が激しい実社会での経営を疑似体験できるわけです。

こう聞くと途方もない世界に感じてしまうかもしれませんが、実際に投資をはじめ、さまざまな話題がつながってくると世の中を見る目がかわり、知的好奇心も広がっていきます。そして、**自分のおカネが社会の資本として回り、企業は経済活動を進めます。**銀行預金とは違い、自らの考えで投資先を選び、世界の経済活動や社会貢献に参画していることにもなります。

株価の動きから経済的な広がりがつかめる

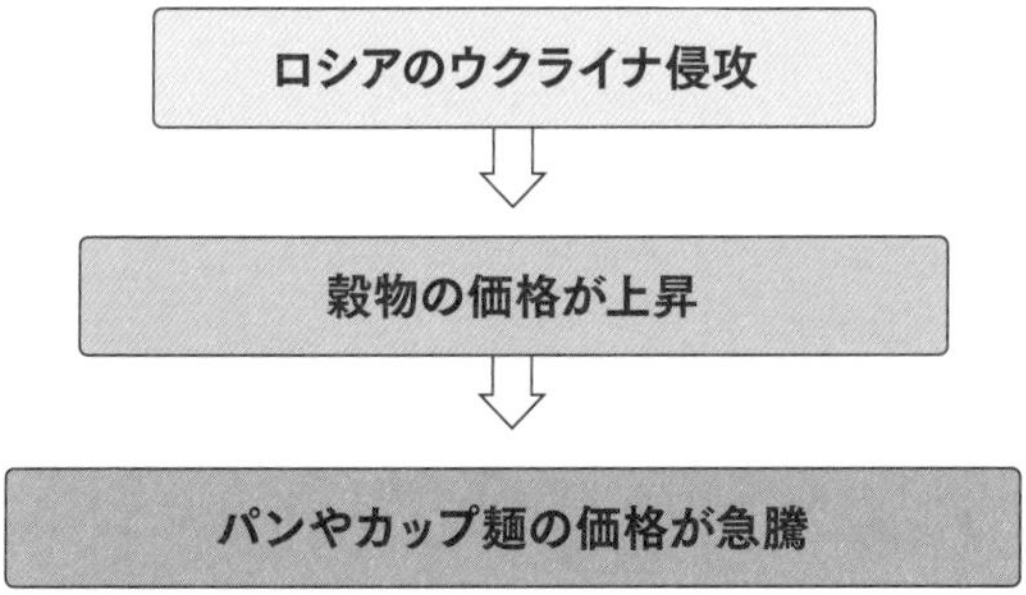
ロシアのウクライナ侵攻
穀物の価格が上昇
パンやカップ麺の価格が急騰

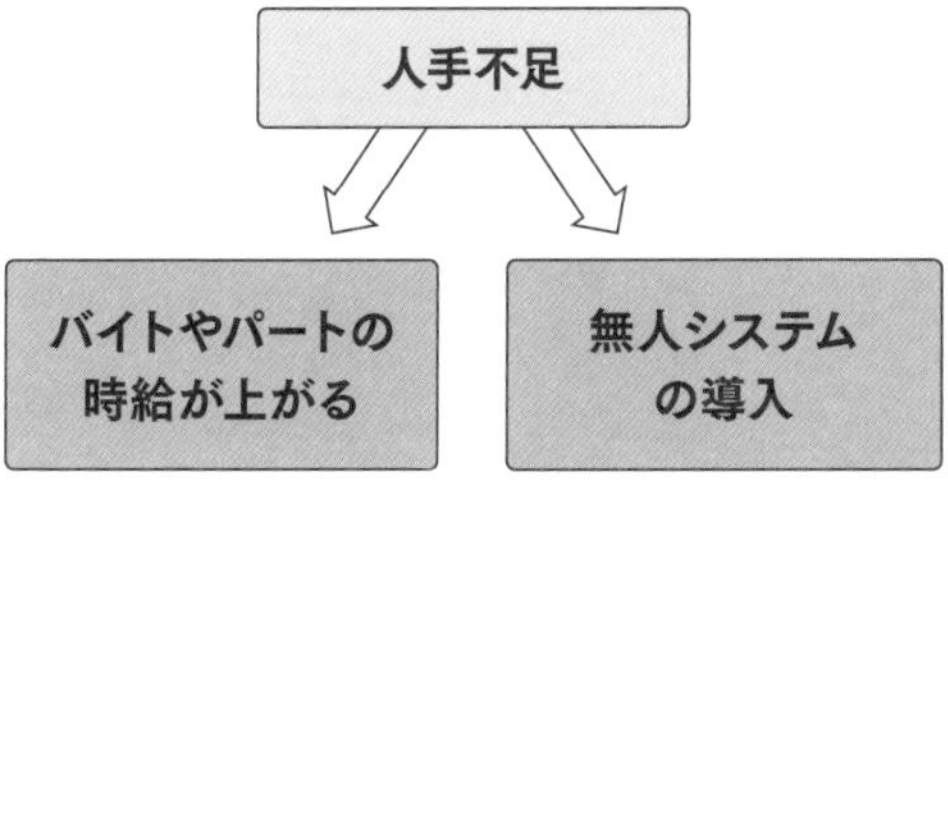
人手不足
バイトやパートの時給が上がる
無人システムの導入

〈1−6〉

「9・11」のときに株を持っていた

2001年9月11日、ニューヨークのワールドトレードセンターに2機の飛行機が突入しました。歴史に残る「米同時多発テロ」です。

ニューヨーク時間の朝、日本時間では夜のことでした。ニューヨーク証券取引所は株式の取引を止める異例の対応となりました。取引再開は9月17日で、取引停止は4営業日に及びました。

東京証券取引所（東証）は9月12日、取引開始を30分遅らせ、9時30分にスタート。1日の値動きの上限・下限である「制限値幅」を通常の半分にすることで、混乱を和らげようとする措置もとられました。

株は軒並み売られ、日経平均採用銘柄のほぼすべてが制限値幅の下限（ストップ安）になるという衝撃的な株価急落となりました。日経平均は682円（6・6％）安の9610円となり、17年ぶりに1万円を割り込みました。

当時、私は日本株を持っていました。

もう20年以上も前なので、正確な銘柄は忘れてしまいましたが、4～5銘柄持っていて、トヨタ株も入っていたと思います。

未曽有の事態。そのうえ米国株市場は取引停止のため、そもそも経済や投資家心理にどれほどのショックとなるのか、目安すらつかめない状況でした。

「投げておくしかない」ということで、朝から売り注文を出し、一部の銘柄は取引が成立した記憶があります。

当時の銘柄や損失額の詳細は忘れましたが、心境はいまでもよく覚えています。**テロという予測不能な事態、トヨタの経営と関係のない外部環境のショックによって、株価が暴落しうるという衝撃的な体験だったからです。**

株取引を始めて1年ほどのころでしたが、「株式市場に確実なことなどない」ということを体で覚えさせられた原体験でもあります。

ただ、あとになって振り返ると、そのころが2001年の株価の底でした。

アメリカ国民の「テロに屈しない」という機運から消費は回復し、強力な財政出動や金融緩和で景気への不安はすぐに収まったのです。ダウ平均は取引再開直後には急落したものの、年末にかけ上昇し、テロ前の水準を回復しました。

株価の動きという意味ではコロナショックと重なる面もあります。

「危機」だからといって、株価はずっと下がり続けるわけではありません。

「テロに屈しない」という国民の機運のように、危機が新たな展開を生むこともあります。2001年の経験はこうした学びにもなりました。

「テロや戦争まで、投資を軸に考えるのは不謹慎だ」という意見もあるかもしれません。その通りで、私自身も戦争や災害のときの投資情報の発信には気を遣っています。

しかし、有事こそ「冷静な頭脳と温かい心」もまた必要だと思います。感情論を抑えて、社会や経済への影響を冷静に見ることは、ビジネスでも日常生活でも大切です。投資はそんな視座を高めてくれると思います。

「9・11」前後の日経平均とダウ

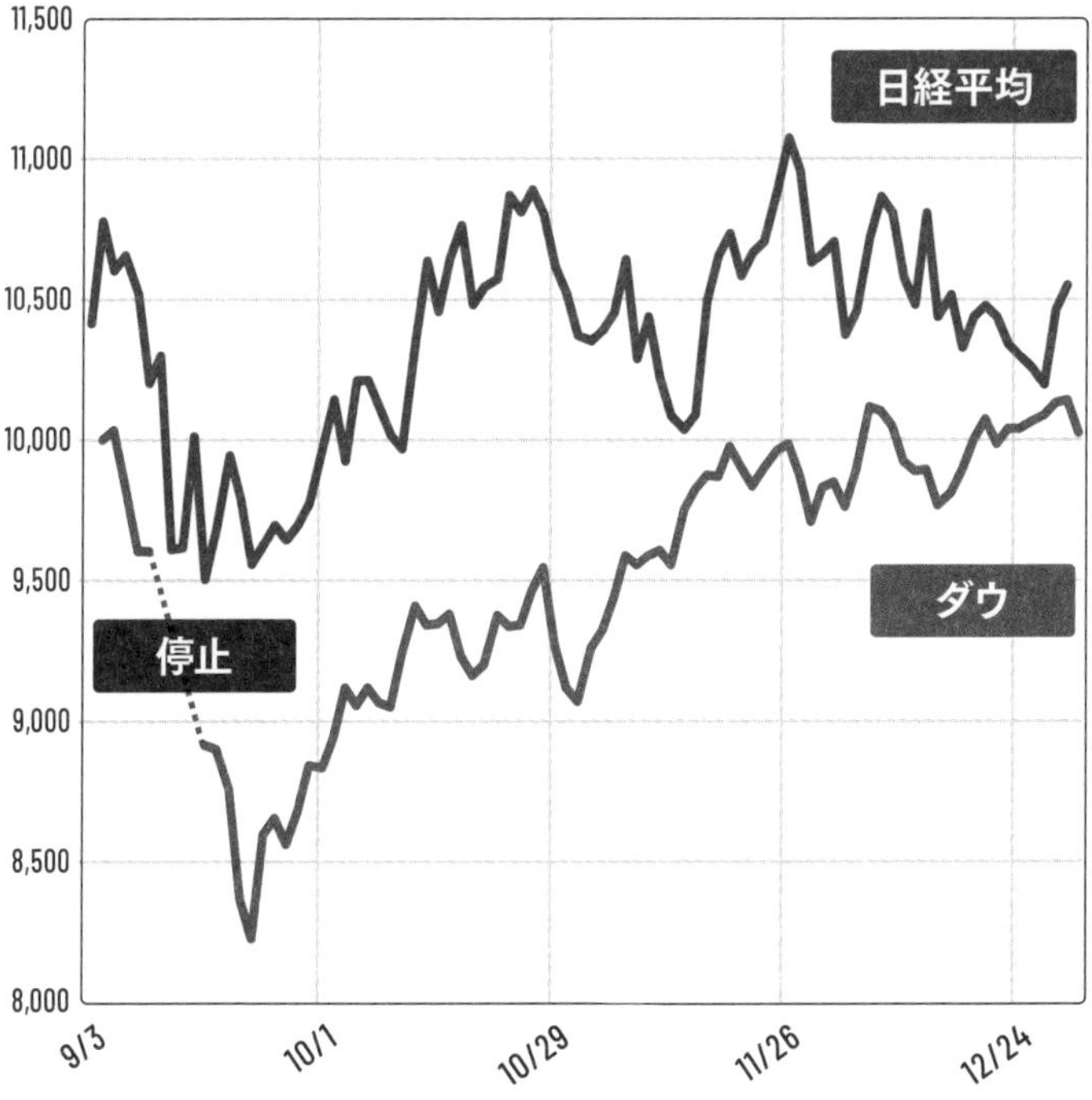

（ダウ：ドル 日経平均：円）

〈1−7〉

投資とは、確実なことはないガチンコの世界

株式市場は「世界中の英知とマネーが綱引きする舞台」と表現しました。

株式市場には実にさまざまな人々が参加しています。少額の個人投資家もいれば、巨額の資金を運用する年金もありますし、プログラムを使った超高速取引をする業者もいます。そして誰もが、利益を得たいと考えています。

この世界は、**何十年も前からある理論が通用するといった悠長な場所ではありません。**常識が覆る瞬間があり、そしてマネーは瞬時に動きます。**株価にしても為替にしても、示される数値は世界中の投資家が血みどろになりながら、切った張ったを繰り広げた結果です。**

後の章で詳しくお伝えしますが、たとえば「景気がよくなったことで株価が下がる」なんてことも起こりえます。戦争が始まって株価が上がることもあります。

昨日まで通用していた理屈がまったく通用しないことも日常茶飯事です。

投資の世界は、**予定調和とは無縁の経済ドラマが繰り広げられる場**でもあります。机で学ぶ経済学の理論とは異なり、日々の生々しい出来事をどう解釈し、おカネを動かすか。世界中の投資家がしのぎを削る、荒々しい世界が広がっています。

これはビジネスパーソンにとって、とても有用な体験ともいえます。**というのも、読者の多くの方が身を置いている、これから身を置く実業の世界はそうした「本音」の世界だからです。**

企業はさまざまな不確実な条件のなかで、利益を上げようと必死に努力しています。楽して確実に儲けられるビジネスモデルなんてそうそうありません。顧客の動向やルールが突然変わることもあります。

非常に厳しい世界ですが、それが現実です。

そして、それは株式市場も同じです。建前のないガチンコの世界で、株価は日々動いています。その動きを見て、ときにおカネを投じることで、経済のダイナミズムの理解が急速に進みます。その知識やセンスは、ビジネスパーソンとしての日々の働く姿勢にも役に立ちます。

投資はビジネスパーソンのマインドセットを磨く「リスキリング」

投資は「経営の疑似体験」であり、「ガチンコの世界」といいました。

こう話すと、「私は別に経営者を目指しているわけじゃないし、疑似体験しなくていい」と思うかもしれません。しかし、**いろいろなリスクに向き合いながら、チャンスを結実すべく判断を重ねていくことは、あらゆるビジネスパーソンに必要なマインドセットといえます。**

仕事をしていると、さまざまなタスクが与えられます。

漫然と指示に従うこともあるかもしれませんが、新たな提案を求められることもあります。小さな改善策を自ら試すこともあるでしょう。

さらには別の部署や地域への異動を申し出て、新しい経験を重ねようとすることもあります。転職や独立を考えることもあるでしょう。

こうした判断は、大企業の経営と比べれば小さなことかもしれません。それでも、リスクに向き合いながら、判断を重ねていくというのは大企業の経営も自身のキャリアアップも本質的に同じことだといえます。

そう考えると、大企業の経営を疑似体験できることの意義は大きいと思えるのではないでしょうか。

たとえば大学生であっても、貯金の一部でAppleの株主にも、トヨタの株主にもなれます。iPhoneやレクサスで稼いできたおカネは配当などで分配されます。

投資先の収益が落ち込めば株価は下がるかもしれません。ガチンコの世界では、冷徹な現実も突きつけられます。しかし「失敗は成功のもと」ともいわれます。いいと思った投資がうまくいかなかった場合には教訓や反省があり、次の判断にもいかされていきます。

投資は資産形成や知識の広がりというだけでなく、ビジネスパーソンとしてのマインドセットを磨く手軽な「リスキリング（学び直し）」ともいえます。

リスクってなんだろう

リスク（risk）は日本語で「危険」と訳されます。ただ、dangerの「危険」とは少しニュアンスが異なります。特に運用や経営の場面でリスクというと、「将来の不確実性」という意味で使われることが多いです。

たとえば、思った以上によくなることを「アップサイドリスク」ともいわれます。**予想外の利益も「リスク」というわけです。**

「リスクをとる」というのは、むやみに危ない世界に飛び込んでいくというより、「どう転ぶか読みづらいけど、その分、予想外に大きな利益にもなりうる」という前向きな意味合いもあるといったほうが正確かもしれません。

アメリカ人は一般に「リスクを好む」といわれます。これも「ただただ危ないこと好き」というよりも、**「変化を楽しむ」**といったほうが近いかと思います。

一方、日本人は安定性を好む傾向が強いといわれてきました。不確かなことにチャレンジするよりも、前例踏襲のほうが無難というのもリスク回避的な対応ですね。

株式投資はハイリスク・ハイリターンといわれます。

アメリカでは個人金融資産の40%が株式ですが、日本では10%にとどまります。日本はかわりに54%が現預金です。

日本人が株式投資に慎重な理由はいろいろありますが、リスクを好まない国民性もあるといえるでしょう。アメリカでは転職が多く、日本では少ないこともこうした国民性を映している面があるでしょう。

ただ、そんな国民性も変わりつつあります。

20代を中心に株式投資を始める人が増えています。ほかにも、転職については20代はもとより、30代や40代にも広がってきています。

社会構造が変わらない時代においては「リスク回避型」が合理的な生き方だったかもしれません。

しかし、技術進歩のスピードが速く、数年後にはAIで「仕事」の姿が大きくかわっているかもしれません。そんな時代において、与えられたタスクを漫然とこなしているだけでは、社会に必要とされなくなってしまうおそれもあります。

転換の時代では、リスクをとって、チャレンジすることで得られる果実は大きくなります。逆に失敗を恐れて現状維持を続けることは損失になりかねません。

若者が転職をしたり、株式投資を始めたりするのは「リスク回避」から「変化を受け入れ、行動する」というように価値判断がシフトし始めたのだと、感じています。

この点はのちほど解説する、値上げや賃上げの力学の変化とも絡む大きなテーマです。

国民の金融資産

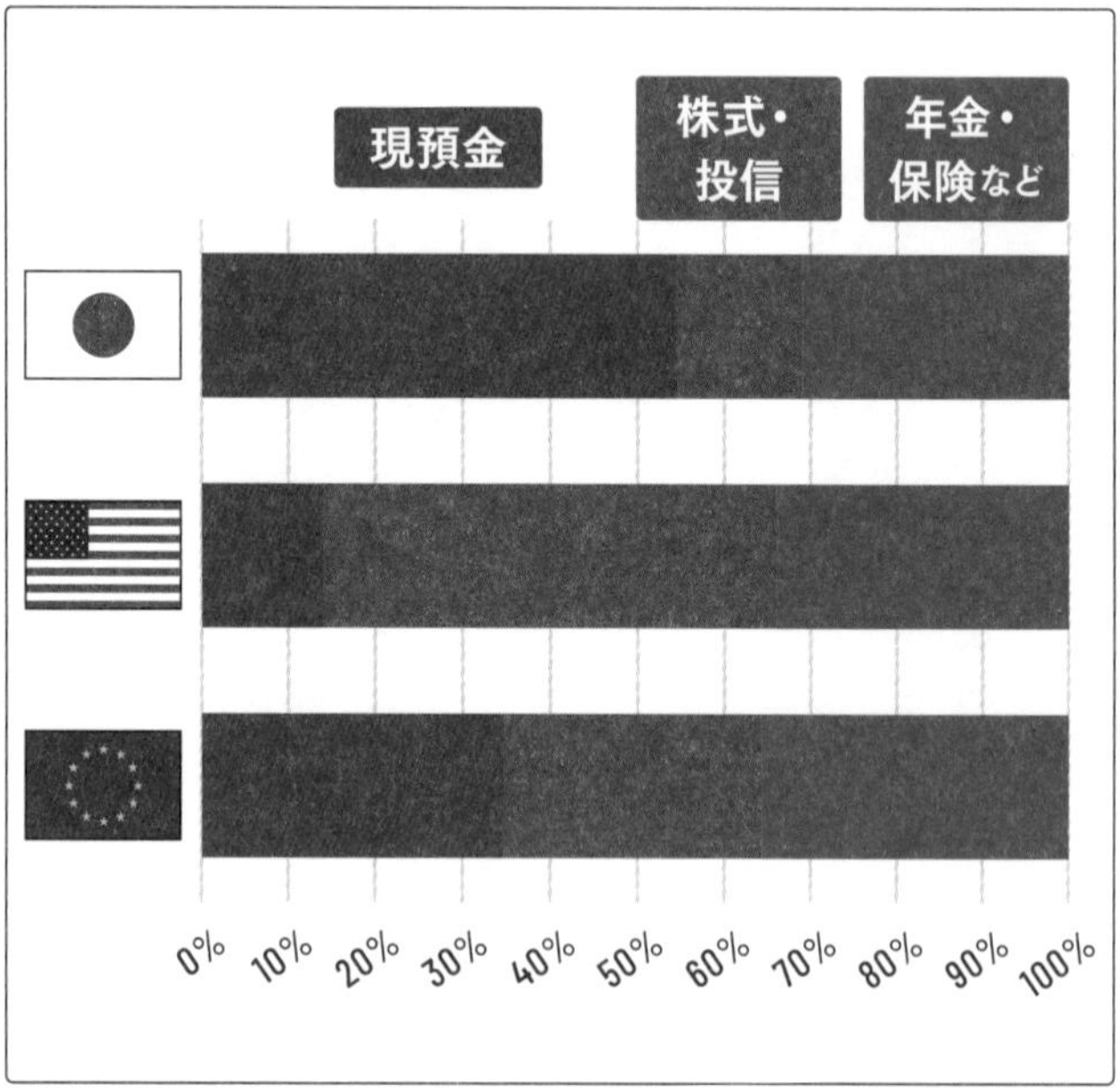

（出所：日本銀行 2022年3月）

〈1−8〉

投資は社会とどうつながり、貢献するのか

ここまでは投資をすれば、あなたにとってどういうメリットがあるのかという話をしてきました。

ここからは社会にどういうメリットがあるのかを話します。近年は若者の間でも「社会貢献」を重視する価値観が広がっているといいます。そこで、社会における「金融」の役割からひも解いてみます。

「金融」というと、とっつきにくい言葉だと感じる人は多いと思います。文字からしてカタそうですし、意味を問われるとちょっと困るかもしれません。

でも実はシンプルなことで、**「お金を融通する」の「金」と「融」をとって、金融**です。

世の中には、おカネが余っている人と足りない人がいます。

余っている人はそのままタンス預金していてもいいわけですが、タンスに置いていても利息は生まれません。**それよりも、おカネが足りない人に融通することで経済活動として有効活用したほうが、おカネが余っている人にとってはよさそうです。**

とはいっても、たとえば一番身近な銀行預金はいま金利がほぼゼロなので、タンス預金と同じように思えるかもしれません。でも、実はこれも立派な金融です。

日本の家計の預金を全部足すと約1000兆円です（2023年9月）。ひとりひとりの預金が小さな額であっても、すべて束ねるとものすごい金額ですね。銀行はこのおカネを企業に貸したり、個人に住宅ローンとして貸したりしているわけです。

つまり、「おカネの余っている人＝いますぐ使う予定のない人」が銀行に預金し、銀行はそのおカネを「いま使いたいけど、おカネが足りない人」などに融通しているわけです。**タンス預金では生まれなかったおカネの流れができています。**銀行はその仲介役です。だから「金融機関」と呼ばれているんですね。

もしこうした「金融」がなければ、どうなるでしょうか。

家をキャッシュでポンと買える人なんてほとんどいません。なので、貯金が不十分で金融というインフラもなければ、賃貸住宅に住むしか選択肢がなくなります。

企業も十分に黒字を出してからでないと、次の事業展開ができません。これだと小さな会社を興すのもめちゃくちゃ難しくなります。

金融があるからこそ、こうした経済活動がまわるようになり、新たな雇用や事業展開がすすんでいくわけです。

おカネはいわば経済活動の「血液」です。

体も血液の巡りが悪いと健康に問題が出ます。体のどこかに支障が出れば、ほかの部位にも波及しかねません。一方、元気よく動いている筋肉にたくさん血が回れば、体は健康になり、強くなります。おカネと経済の関係も似た関係です。

次項では、銀行預金・融資と株式投資の違いを説明しながら、株式投資がどう社会貢献するのかを見ていきます。

銀行預金と株式投資の違い

銀行預金も株式投資も**「金融」**です。**おカネが余っているところから足りないところへ流し、経済活動につなげる仕組み**です。

ただ、銀行融資は「間接」金融と呼ばれ、株式投資は「直接」金融と呼ばれます。

〈1－9〉の図を見てください。

銀行はみなさんからの預金を元に企業へ融資したり、住宅ローンで個人に貸したりしています。でも、預金した皆さんは銀行が誰に貸しているのかわかりませんし、ましてや「A社がいいよ」「B社はやめておいて」と指図しませんよね。

一方、株式投資はみなさんが「トヨタ株を買う」というように選別します。

こうした違いがあるので、銀行は「間接金融」、株式投資は「直接金融」と呼ばれます。

どちらも社会に大切な役割ですが、融資先・投資先の会社を選ぶときに重視するポイントが少し異なります。

銀行預金と株式投資

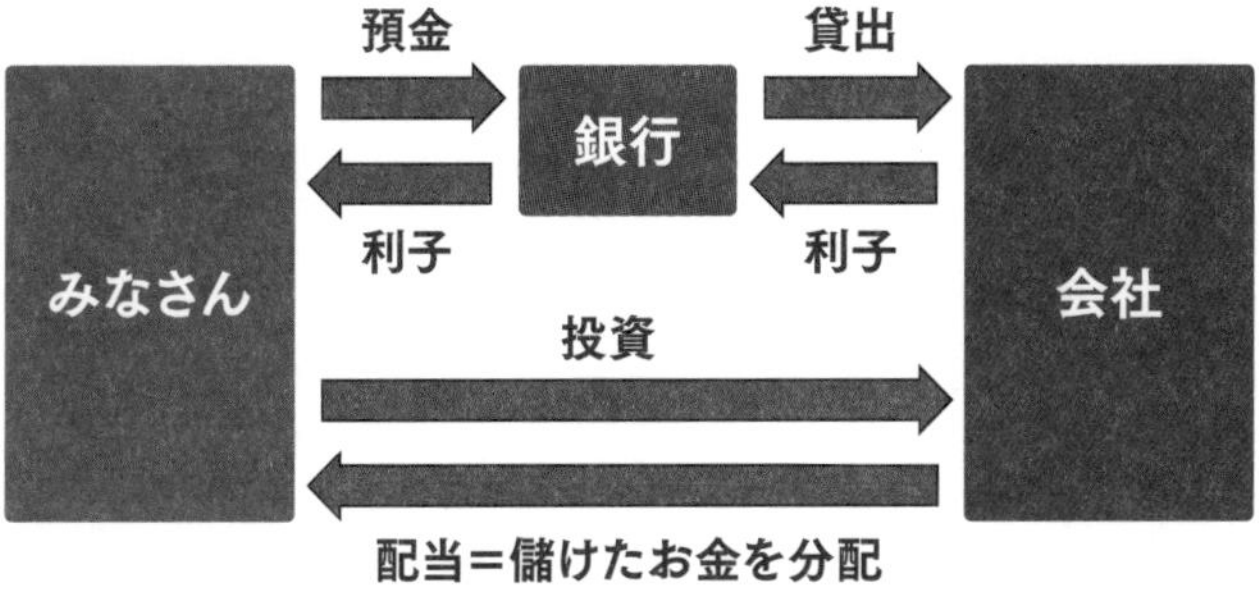

〈1−9〉

銀行預金と株式投資の違い

	利便性 （出金、振込…）	安全性 （減らない）	収益性 （増える）
銀行預金	◎	◎	×
株式投資	○	△	○

〈1−10〉

銀行は「成長性」よりも「安全性」を重視します。

というのも、銀行は皆さんからの預金を元手にしているので、おカネを貸した先の事業が行き詰まっておカネが返ってこないと大変ですよね。つまり、おカネを貸すときには「この会社はきちんと返せるのか」というのを最優先で考えるわけです。担保が求められるのも、おカネが回収できないと、預金を原資に運営する銀行業が根底から揺さぶられるからです。

一方、**株式は「安全性」より「成長性」が重視されます。**

もちろん、株式投資家も投資先の企業は倒産しないようにしてほしいと願っています。しかし、〈1−10〉の表にあるように、株主は会社がものすごく儲けたら、その分だけ配当として大きな果実をわけてもらえるわけです。多少失敗するリスクがあっても、大きく花開く可能性があるビジネスアイデアがあれば、思い切って応援したくなるわけです。

会社側に立って考えてみましょう。

たとえば、「うまくいくか確約はできないけど、すばらしいアイデアや技術があり、挑戦したい」という企業なら、直接金融である株式投資のほうが資金調達として相性がよくなります。株主は銀行ほど安全性を求めず、もしうまくいきそうなビジネスアイデアがあるならば、応援してくれることも多いからです。

アメリカでは、国民の間で上場企業への株式投資が活発なだけでなく、小さなスタートアップ企業に富裕層が出資するなど、リスクマネーが流れやすくなっています。おカネを持っている人はリスクをとって資金を投じ、起業家はそのおカネをもとにリスクをとってビジネスに挑むわけです。

もちろん失敗して、株主も損をすることがあります。それでもそうした土壌からさまざまなイノベーションが生まれています。

政府が投資促進策を打ち出しているのは、こうした背景もあるわけです。

つまり、「国民の資産形成」も大切なのですが、**リスクマネーが経済にうまく回ることによって、「企業のイノベーションを後押ししたい」**という面にも重要な意味があります。

いままでの日本は間接金融に偏っていましたが、徐々に国民の株式投資も増えています。成長性だけでなく、脱炭素やダイバーシティーへの取り組みを厳しい目で評価する人も増えています。こうしたうねりが、企業経営者の意識改革にもつながり、経済全体の活性化につながる可能性もあります。

変化の時代を生き抜く投資

第1章をまとめましょう。

まず、なぜ株式投資の機運が高まっているのか。

それは株高が続いたことで「株式投資のイメージが好転した」のが大きく、さらに円安インフレで、投資の必要性が自分事として切実に迫ってきたからです。人生100年時代とあって、しっかり資産運用しないと老後資金が枯渇するという切実な構造問題もあります。

さらに政府がNISAなどで投資を促進しています。投資を始める人が増えてきたことで、横並び意識の強い傾向にある日本人が全体として動き始めた面もあるでしょう。

そして、投資には意義もあります。

資産形成の面だけでなく、世界のさまざまなニュースへの関心が高まり、つながっていくことで、現代を生きるのに役立つ教養につながります。

企業経営を疑似体験することでリスクやコストと向き合う場数が増え、ビジネスパーソンに求められるセンスや行動力を高めます。そして、リスクマネーを自ら供給することで、社会に参画し、貢献するという意義もあります。

国際情勢は混とんとしています。

過去にないインフレも進んでいます。

ＡＩの急速な進歩により、働き方も暮らし方も劇的に変わろうとしています。

転換の時代を生き抜くうえで投資は重要な役割を担っています。

第1章ではそんな「投資」の総論を見ました。

第2章では「株」に焦点をあてます。

「株価はどうして動くのか」「そもそも株ってなんなのか」といった基礎から学び直しつつ、最近のトピックも理解できるように一気に深掘りしていきます。

第2章

株・会社・決算……
そもそもから考え直してみよう

株ってなんだろう

「そこから始めるの？」と思う方もいるかもしれません。でも、「株とは何か」のイロハから見ていくことは、投資をするうえでとても大切です。もっといえば、投資をせずとも、ビジネスパーソンとして生活するうえで必要な教養です。

この章は、初心者にわかりやすく、投資経験者にも改めて頭の整理となり、気づきのあるものになればと思います。

株式会社を起こすとき、おカネが必要になります。

そのためのおカネは「借金」と「株」の２種類に大きくわかれます。銀行や知人からおカネを借りるのが借金。利子を払い、いつの日か借りたおカネを返す仕組みです。

一方、「株」は「資本」ともいわれ、借金のように返済する必要がありません。会社を起こした本人が１００万円といったおカネを出資することもありますが、親族や友人からおカネを出資してもらうこともあります。

株主には大きくふたつの権利がある

「返済の必要がない」のは会社にとって気楽に思えますが、それだけだと誰もおカネを出してくれませんよね。出資した人、つまり株主はその出資額に応じて、将来の会社の利益を「配当」という形でわけてもらえます。

創業1年目の利益はもちろん、株を持ち続ければ、5年後も10年後も利益をもらえます。会社が大きく成長すれば、配当が何倍にもなって、最初に出資した金額を上回ることもあります。過去の利益で蓄積してきた財産も株主のモノです。

逆に経営がうまくいかず、倒産してしまった場合は配当がもらえないばかりか、出資したおカネも返ってきません。

つまり、おカネを出す人にとって、「株での出資」は「おカネを貸す」よりも、おカネが減ってしまうリスクが高くなります。一方、**企業が成長すればその分リターンが大きいといえます。**

株主にはもうひとつ大きな権利があります。「議決権」です。**会社の大事な経営判断は株主が決めます。**基本的に過半数の株主が同意すれば、大きなプロジェクトだろうが、他社からの統合交渉の可否だろうが、株主が決めることができます。日々の経営判断や業務執行は社長や役員にまかせているので「所有」と「経営」は分離されているとされますが、経営陣を誰にするか選ぶのも株主です。

つまり、株主になれば、重要事項を決める権利があり、かつ将来の利益を分配してもらえる権利もあるわけです。これが「オーナー（所有者）」といわれるゆえんです。

実は私も2022年の秋に小さな会社を設立しました。とても小さな事例ですが、みなさんのイメージが膨らむように例としてお話しします。

株主には大きくふたつの権利

①利益の分配

- 配当としてお金をもらう
- これまで蓄積してきた財産も株主のモノ

②議決権

- 重要事項を決める（取締役人事、経営統合、解散、利益分配など）

〈2−1〉

2022年、株式会社をつくりました

私は2022年3月に日本経済新聞社を退職し、フリーランスとして活動を始めました。当初は「個人事業主」として活動しました。この時点では法人ではありません。

その後いろんな方に話を聞いたりするなかで、noteなどの収入も伸び始めましたので、株式会社をつくろうと考えました。個人として情報発信する分にはやることに大差ないのですが、会社をつくったほうが事業運営の面でメリットが多いと感じたからです。

資本金は100万円。一部は親族にも株主になってもらいましたが、私ひとりで過半を持っています。知人やベンチャーキャピタルなどからは出資を仰いでいません。そのうえで小さな会社ではありますが、会社法に沿って私が「代表取締役」に就きました。

私の業務はX（Twitter）やnoteなどでの情報発信やメディア出演などです。家賃や原材料費、人件費などはほとんどかかりません。このため、初期費用も目先の運転資金もほとんどかからず、日本政策金融公庫や民間銀行から借り入れることもありませんでした。

実態としては小さな個人企業ですが、私自身は**「株主」**として議決権や将来の配当をもらえる権利がある「オーナー」です。同時に「代表取締役」という**「経営者」**でもあり、会社からは役員報酬を毎月受け取っています。さらにいうと、情報発信や経費精算まで実際に日々の業務をまわす**「プレーヤー」**でもあります。いまのところまとまった資金が必要とは考えていません。このため、銀行借り入れに頼ることはなさそうですし、仮に「出資するよ」という知人がいたとしても、現時点では受け入れる予定はありません。

出資を受け入れると、新たな株主に議決権や利益請求権が生まれます。その時々の経営判断や事業運営について、新たな株主への説明責任も生じます。**これは健全な緊張関係かもしれませんが、自分自身の会社としては窮屈さも生まれます。**たとえば、「目先の利益に貢献しないし、長期的にもよくわからないけどやってみたい」というプロジェクトがあれば、いまならほかの株主の意向を探ったり、説明したりせずに即決できます。

当たり前のことを大げさに話しているようですが、株式会社の本質的な面を映しているともいえます。では、知人やベンチャーキャピタルから出資を受け入れるとすると、どういう変化が起こっていくのでしょうか。次で見ていきます。

売上が立っていなくても、成長ストーリーで資本を集める

私の会社はこぢんまりとしたものですが、もっと事業を大きくしたい場合にはおカネがいります。

起業するときには設備など初期コストがかかるほか、原材料費、人件費、家賃などなどランニングコストも大きくなります。

その会社が手掛ける仕事が有望なものであったとしても、起業して間もないころは売上が立ちにくいことも多く、運転資金を借金でまかなうことも多くなります。借金は利払い負担も生じます。できるなら資本で集めたいという人も多いでしょう。

会社が将来成長するという期待を資本家に納得させることができれば、「借金」ではなく「資本」を集められます。ここで、会社は新たに株を発行し、資本家はおカネを渡し、株を受け取ります。

小さな会社なら、親族や友人に少しずつ出資してもらう場合があるでしょう。

ビジネスの実績があり、アイデアやスキルが魅力的ならば、立ち上げ早々に他人から数億円の資本を調達することもあります。

もちろん、会社側としては議決権や将来の利益を分配する権利の一部を資本家に譲ることにはなります。

それでも、まだ売上が立っていない段階で資本家がリスク覚悟でまとまったおカネを投じてくれるわけです。

売上が十分になくとも、人を雇ったり、事業拡大に向けた先行投資におカネを振り向けたりできます。

出資を受けるとプレッシャーと窮屈さも生まれる

おカネを投じる側の立場でも考えましょう。

この投じた企業が、もし日本を代表する企業に成長すれば、巨額の配当を得ることができます。株は誰かに転売することも可能です。

たとえば当初、100株を100万円で買ったあとにその企業がどんどん成長した場合、ほかの人に「100株を1000万円でもいいからほしい」と言われれば、差額の900万円が利益になります。また、株を持っている最中は議決権もあります。保有比率にもよりますが、経営陣に対して注文をつけることもできます。

しかし、投資した企業がうまくいかず、倒産してしまった場合は株の価値はゼロになります。

創業まもない企業に投資する組織のことを、ベンチャーキャピタル(VC)と呼びます。

数多くの企業に投資し、いくつかの企業は倒産したり、経営不振が長く続いたりする場合もありますが、一部の企業でも大きく成長すれば全体として十分に収益を上げられるといわれます。

VCなどから資本を受け入れると、経営陣には一定のプレッシャーがかかります。VCはリスクをとっておカネを出してくれたわけですから、会社はそのおカネを有効活用して、期待に応えねばなりません。

おカネを出してもらうために訴えてきた成長ストーリーを比較的短期間で軌道に乗せ、収益も成長していく可能性を高めることが求められます。

会社の成長に関係ないコストは切り詰めねばなりません。こうなると、社長自身の給料もむやみに高くはできません。

では次の項目で「上場」について、見ていきましょう。

株式上場はヤフオクへの出品に似ている

「上場」とは株式が東京証券取引所など、多くの投資家が集まる取引所で売買されるようになることです。

ただ、上場していなくても、株の売買は可能です。

たとえば、さきほど話した私の会社の株を買いたい人がいて、私がその人に対して売ってもいいと思えば、そこで取引できます。**その株をいくらで売るかは双方の話し合いで決まります。**

会社が大きくなれば、上場していなくても株主が何百人、何千人となることもあります。しかし、いざ売ろうと思っても、買い手をみつけてきて納得がいく株価で売るのは大変ですよね。

買いたい場合もそうです。大口の株主であれば、個別に相手を見つけてきて、売買することも無理ではないですが、小口の投資家だと手間もかかります。

しかし、**上場すれば、この点が一気に便利になります。**

「1株500円なら売ってもいいよ」という人が東証など取引所に注文を出し、逆に「500円なら買いたい」という人がいれば売買成立です。このとき、売る人は買ってくれた人が誰なのかもわかりません。1000株売った場合、何人かの人がそれらを少しずつ買うこともありえます。

上場すれば、「A社株・〇円・〇株」といった条件のもとで、いろんな投資家が売買を繰り返すわけです。

やや単純化すると、ヤフオクに出品するのと似ているかもしれません。

私物を売りたいとき、街でいろんな人に声をかけて買う人を探すのは大変ですよね。でもヤフオクに出せば、遠く離れた場所に住む顔も知らない人の目にも触れます。そして、その商品を一番高く評価してくれた人が買うわけです。

株も基本的に一番高い買い値を申し出た人が買えます。**さまざまな評価が入り乱れるなかで、「高くても買いたい人」「安くても売りたい人」たちがせめぎあい、刻々と価格がついていきます。**

こういう状態になったら、前のページで出てきたベンチャーキャピタルも、株を売って利益を確定しやすくなります。創業者がたくさん株を持っているような場合も、一部を売却することで創業者本人の手元に現金が入り、生活が安定するといったことも可能になります。

新たな投資家も呼び込みやすくなります。**未上場の株と違って、売ろうと思えばすぐに売れるわけですから気楽ですよね。**

対照的に、私の小さな企業の株を1株買った場合、いざ売ろうと思っても、買ってくれる人を見つけるのが大変です。

このように売ろうと思ったときの売りやすさは「流動性」とも呼ばれます。

流動性が高いこと自体、購入のハードルを下げるので、株価にプラスに働くこともあります。

証券取引所は個人投資家や外国人などさまざまな人に取引してもらえるよう働きかけています。投資家の裾野が広がり厚みを増せば、流動性が上がり、取引所の利便が高まるからです。

上場すると、株が売りやすくなる

未上場だと買い手を見つけて交渉するのが大変

上場だと売り買いがしやすくなる

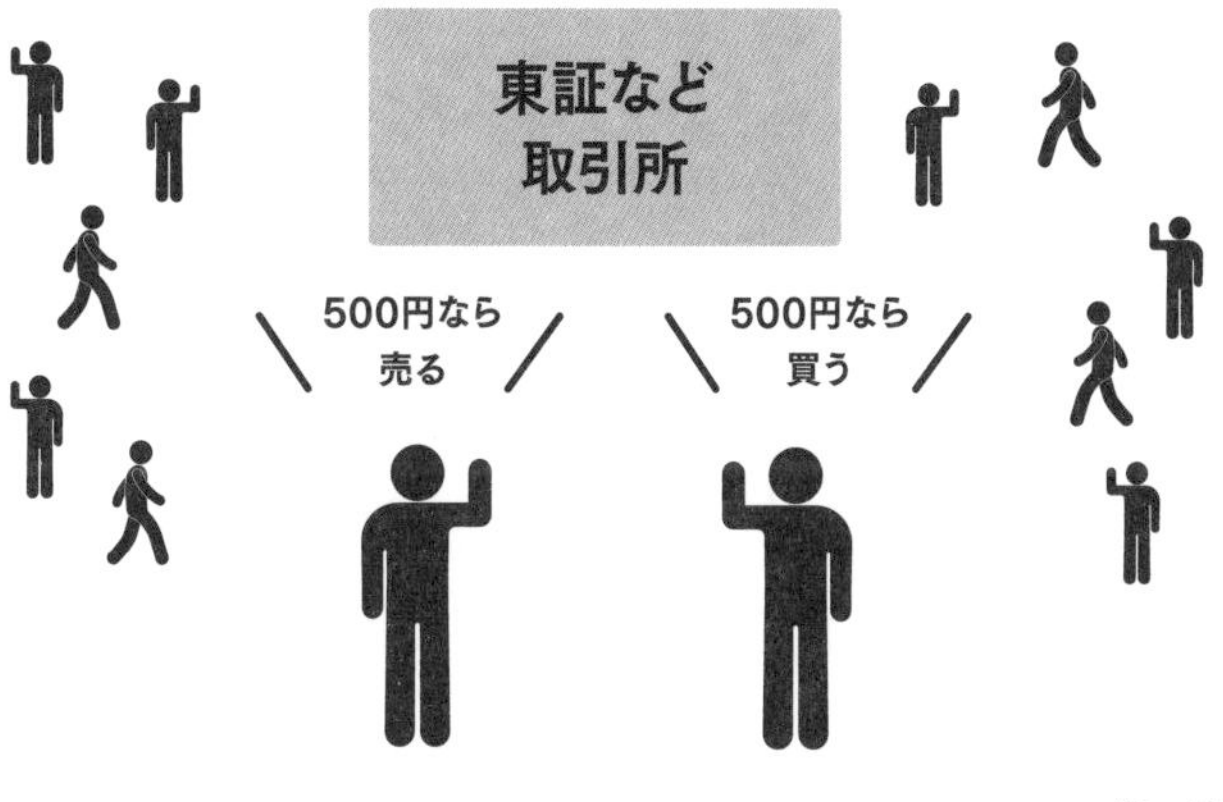

〈2−2〉

上場すれば、追加の資本調達の道がグッと広がる

さきほど、「うまく成長ストーリーをアピールできれば、資本家がリスク覚悟でまとまったおカネを投じてくれる」と話しました。企業にとっては、上場することでまた新たな資金調達の道も開けます。

成長ストーリーを語ることはいつでも大切ですが、上場していれば、個別に資本家をみつけてこなくても取引所でたくさんの投資家が株価を見て売買判断してくれます。魅力的な企業であれば、個人投資家を含めた数多くの人から資本を集められます。

上場での株はたとえば、「1株1000円で1000万株（計10億円）発行します。10億円調達できれば、有望な事業に活用し将来の利益成長につなげます。投資する価値があると思えば買ってください」というイメージです。

1株1000円の価値があると思えばおカネが集まり、企業は資金調達できます。幅広い投資家に公に募集し、資本を増やすので「公募増資」と呼ばれます。証券取引所の新規上場はIPOと呼ばれます。Initial Public Offering の頭文字です。「初めて、公の場で、売りに出す」というイメージです。

「上場」は、企業が大きくなったことの象徴といえます。会社の株が公開の場で取引され、その評価が刻々と変わり、資本調達の可能性も広がるという重要な意味があります。**企業には資本調達の可能性が広がるほか、知名度が上がり、信頼も高まりやすい**といったメリットもあります。採用活動がしやすくなると話す経営者も多くいます。

ただ、いいことばかりではありません。業績が悪くなると、株価は下がり、株主からの追及が強まります。経営者は退陣を求められる可能性もあります。

どんな投資家でも、高い価格さえ提示できれば持ち株も増やせるので、創業者や経営陣と意見のあわない株主が勢力を高め、経営変革を求めてくる可能性もあります。

また、投資家は10~20年といったスパンより、目先の増益を求める傾向があります。**短期的な収益成長へのプレッシャーが強まり、長期戦略を実行しづらくなる面もあります。**

創業者にとってのIPOとは何か

「IPO長者」という言葉があります。ここには、新規上場すると創業者の資産がケタ違いに増えるというニュアンスがあります。

たとえば、上場したときの時価総額（株式数×株価、詳しくはのちほど説明します）が100億円になり、創業者が50％の株を持っていれば、その時価は50億円ですね。上場時に一部の株を手放すことで、創業家に直接キャッシュが入ることもあります。経営者は会社の情報をたくさんもっているため、上場後でも売るときには一定の制約がかかりますが、それでも上場前と比べれば売りやすくなります。

多額のおカネが入ってくるため、「IPOはひとつのゴール」のようにいわれることもあります。たしかに創業者にとっては将来の生計の不安は大きく後退します。上場前だと、売ろうとしてもいくらで売れるかわかりにくかった持ち株に日々値段が付き、自分の資産価値が把握しやすくなります。

ただ、上場経験者らに話を聞くと、上場がゴールと考えている人はかなり少ないようです。上場してからはより多くの投資家が株を持つようになり、プレッシャーは高まります。また、上場するまでにさまざまな投資家にビジョンを語ってきたわけで、それをうまく突き進めていく責任もあります。

さはさりとて、です。あるIPO経験者が次のように話していました。

「上場するまではやっぱり精神的にもきつい。たくさん自社の株を持っていて、計算上の価値が大きかったとしても、いま売れるわけじゃない。上場前は役員報酬も抑えないといけない。近いうちに上場できる可能性が高いといっても、初めてのことだし、何が起こるかわからない。でも上場すれば、最初の売り出しで、ある程度のキャッシュは入る。持っている株の価格も市場評価になり、売りに出す機会も広がる」

つまり、IPOはゴールではなくとも、企業にとっては大きなステージの変化ですし、創業者個人の経済面での安心という面で、非常に大きな節目であることは間違いないようです。

大切なのは、上場してからも、株主や社員、顧客、社会に貢献するため、どれくらい情熱を保てるかでしょう。これには人によって温度差もあります。

会社の価値、レストランで考えてみよう

株主は会社の「オーナー（所有者）」だとお話ししました。

あなたがある会社の株を100％持っていれば、その会社は100％あなたのものです。

仮にそこが1株1万円で、計1万株発行されていたら、1万円×1万株で、合計1億円が株の合計の価値となります。その会社の100％のオーナーになる権利が1億円ともいえますし、株価から算出する企業価値が1億円ともいえます。

これは「時価総額」と呼ばれます。

この株が1株2万円に上昇すれば、時価総額は2億円になるということです。

では、そもそもその会社の価値が1億円なのか、2億円なのか、どうすれば評価できるのでしょうか。

たとえば、ある会社が現金を1億円だけ持っていて、ほかに借金も活動もしていないとすれば、その会社の価値は1億円でしょう。将来、利益や損失を出すわけでもなく、いま

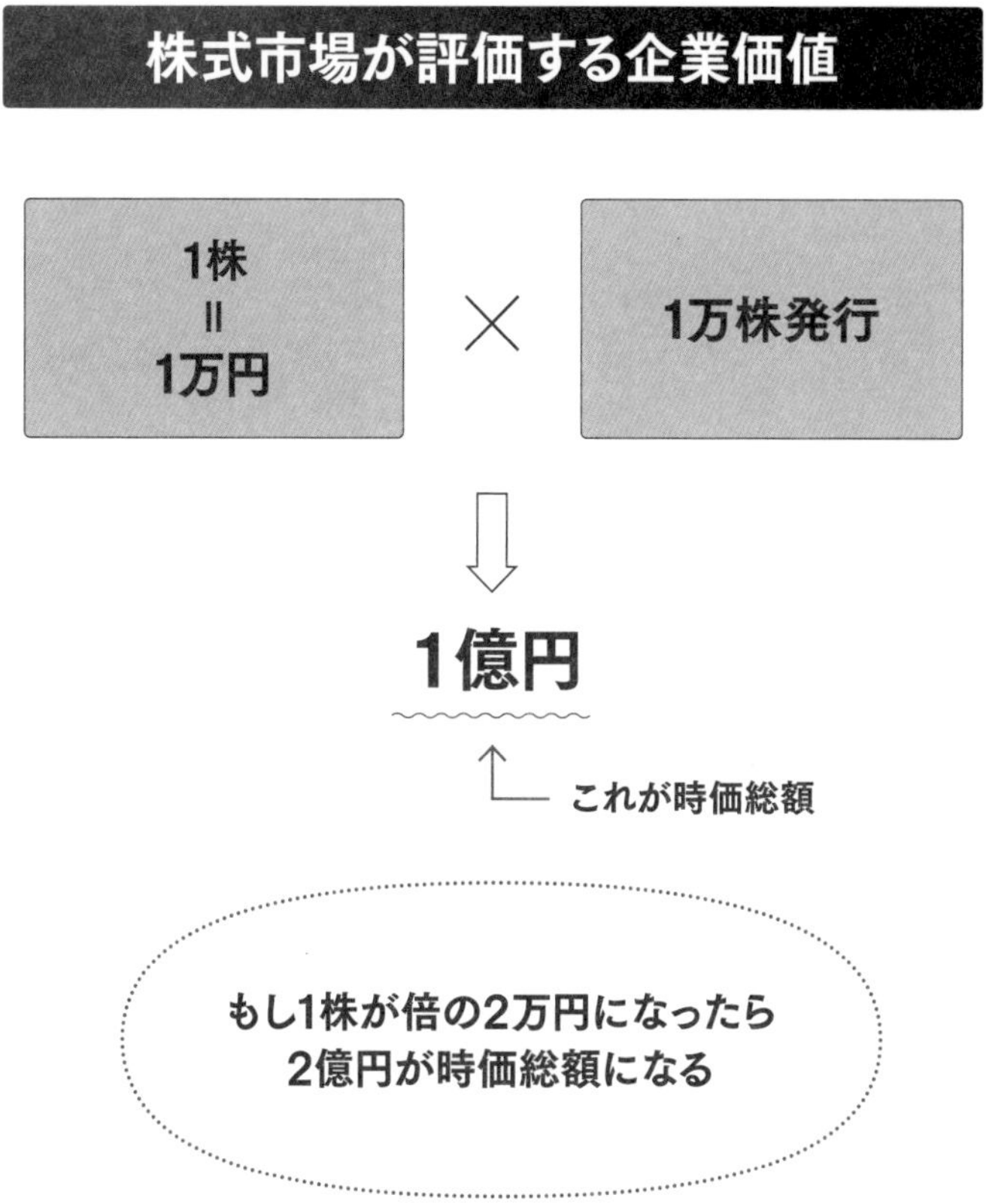
株式市場が評価する企業価値
1株
=
1万円
×
1万株発行
1億円
これが時価総額
もし1株が倍の2万円になったら
2億円が時価総額になる

〈2-3〉

持っている資産の価値は1億円ですから。

では、現金1億円を持っていた会社がレストランを開業したとします。内装費や調理器具など初期コストがかかるので、現金はいくらか減ります。さらに人件費や家賃や光熱費などがかかり、毎月運営コストが出ます。売上高が十分に上がれば利益が出ますが、あまりお客さんが入らなければ赤字になります。

仮にこのお店のシェフがとても有名な人で、開業早々、高価格でも予約がとれないほどの人気になったとします。そうすると、この会社の価値は1億円を上回りそうですよね。人気が衰えそうになければ毎月黒字が蓄えられ、現金が増えそうです。2店舗目、3店舗目への展開もできるかもしれません。こうなると、もともと1株1万円だった株の価値は上昇しそうです。1株3万円出してでも買いたいという人が現れるかもしれません。

反対に、なかなかお客さんが来なかった場合も想定してみましょう。

毎月赤字が出て、手元のおカネはどんどん減っていきます。売上が急増する見込みも立たなければ、その会社の価値は1億円を下回りそうです。1株5000円でも買ってくれる人はいなくなるかもしれません。

おおざっぱな例ですが、株の価値はこういうイメージで決まります。

「いまある資産の状況はどうなのか」「知名度や料理の腕など数値で表しにくい会社の価値はどうか」「今後どれくらい利益を稼いでいけそうか。長期にわたって成長できそうか」――こういったことの総合判断です。

「いまある資産」が預金や調理器具なら計算しやすいですが、「料理の腕」「将来の人気」となると評価は難しいですね。5年後、10年後の売上高や利益ともなると、前提の置き方次第でがらりと変わります。当然、評価する人によっても変わります。

さきほどの有名なシェフのお店なら、会社の価値は2億円という人もいるかもしれないし、10億円と見積もる人がいるかもしれません。

株は基本的に高い値段を出してでも買いたい人が買っていきますから、「10億円」とみる人が多ければ、それに近づくように株価は上がっていきます。

では、日本の時価総額トップ20を見てみましょう。

トヨタはながらく日本の時価総額首位の座を保っています。世界での知名度や圧倒的な収益力、安定性が評価されています。

2位以下は時代とともに結構変化します。そのときの収益力や、成長期待は移り変わるためです。ガチンコの投資マネーの綱引きの結果、表れる時価総額は企業の強さをはかるうえでとても有用ですし、企業のトップもとても気にしています。

同業ライバルの強さをはかるうえでも便利ですし、業種や国境を超えた企業の価値も測れるわけですね。単に株式投資というだけでなく、就職活動時や取引先の規模を調べるときにも手軽に確認できます。

時価総額　日本のトップ20

1	トヨタ自動車
2	ソニーグループ
3	三菱UFJフィナンシャル・グループ
4	NTT
5	キーエンス
6	ファーストリテイリング
7	東京エレクトロン
8	KDDI
9	信越化学工業
10	三菱商事
11	三井住友フィナンシャルグループ
12	伊藤忠商事
13	日立製作所
14	オリエンタルランド
15	任天堂
16	ソフトバンクグループ
17	ホンダ
18	三井物産
19	ソフトバンク（通信）
20	リクルートホールディングス

（出所：QUICK FactSet 2023年12月時点）

〈2−4〉

株価は「現在より未来」を見て決まる

さきほどのレストランの例で見ると、まずは「今」の資産の状況が株価を考えるうえでの土台になります。もともと1億円の現金があり、そのおカネの一部が内装や調理機材に変わったわけなので、「1億円」は会社の価値を評価するひとつの土台といえます。

ただ、株価では「現在」より「未来」のほうが大切です。

株主は利益を配当という形で将来にわたって受け取っていける権利があるといいました。会社が存続するなら、10年後も、50年後も配当を受け取ることができます。となると、いまある資産や、**今月稼いでいる収益よりも、今後5年、10年にわたって、利益は成長するのか、稼ぐ持続力はあるのかというほうがずっと大切だといえます。**

レストランの価値が「10億円」と見積もった投資家は、ざっくりいうと、この会社が将来にわたって稼ぎそうなおカネの総額を、今の価値に換算すると10億円くらいになると見ているということになります。

レストランが将来にわたっていくら稼ぐのか、これを見積もるのが投資家の問われるところです。シェフの人気や腕、開業当初の人気、その後の動向、競合店の状況、景気動向……などなど、いろんな要因を見ていくのが投資家の腕の見せどころです。

このレストランが「ミシュランガイド」に掲載されれば、株価は上がるかもしれません。リピーターが少なく、売上が落ち始めると、今後の成長期待が剥がれ株価が下がるでしょう。日本全体の景気が強くなれば、客単価も上がり、株価が上がるかもしれません。

このように次々と入ってくるニュースによって、その会社が将来稼ぎ出せそうな利益の予想は揺れ動くわけです。

投資家が見ているのは「現在」よりも不確かな「未来」です。そして、未来のことはその会社のなかの人でも正確には見通せません。さまざまな投資家がその会社の未来を予想し、株の買い注文や売り注文を出します。**その綱引きの結果が株価です。**

株価がその会社の将来の姿を正確に予想しているとは限りません。それでもいろんな投資家が思いを巡らした予想の均衡点が株価としてあらわれるわけです。

日々変動する時価総額（株価×株式数）が「企業価値」としてよく使われるのも納得できるかと思います。

「決算書」はビジネスパーソンに欠かせない武器

「決算書」という単語だけで、もうページを飛ばしたくなる人がいるかもしれません。たしかに専門用語ばかりですし、数字もたくさんのっていて、ちょっとやそっとでは読み込むことはできなさそうです。でも「知っておいたほうがよさそう」という気持ちもありますよね。

この本は決算の専門書ではないので、そこまで深入りしません。「これだけは最低限おさえておいて」ということにフォーカスして、わかりやすくお伝えします。

というのも、**決算は株式投資をしない人も理解しておくべきだからです。ビジネスパーソンに欠かせない基礎教養であり、武器になるのです。**

起業するなら、たとえばこのあと説明するバランスシートの状況を理解せずに、資本調達やビジネス展開することは危険です。

会社員も、仕事の責任が高まるにつれ、決算の中身を知らずして、「どこまで予算をかけられるか」といった判断ができません。そして、取引先と交渉する際も決算を通して相手の状況を理解しておくことが重要です。**財務部門だけでなく、営業にせよ、生産ラインにせよ、経営企画にせよ、決算の理解は不可欠です。**

株式投資するならなおさらです。

上場企業にとって決算書は、出資してくれた株主への成果報告です。どれだけ稼げたか、いまの懐の状況はどうなのか。なんとなく「うまくいっています！」「さらにがんばります！」といった気合いではなく、決まったルールのもとで、数字で示します。

そして、PBRやROEといった、マーケットニュースでよくあらわれる言葉も決算の理解が欠かせません。

繰り返しですが、この本は決算の専門書ではありません。何十ページ、何百ページと決算について語られても、注意力が保てないでしょう。

ビジネスパーソンや投資入門者にとって最低限欠かせないポイントについて、ここでもレストランという身近な事例を使ってわかりやすく、かつ実際の大企業の事例もお見せして納得感があるようにお伝えします。

いろいろある「利益」、まずは「営業利益」が大事

決算の入門書は、まず**「損益計算書」**という表から始まることが多いです。

売上高を起点に費用を差し引いていくそれぞれの段階でたくさんの利益があります。「売上総利益」「営業利益」「経常利益」「税引き前利益」「純利益」……。もうこの時点で覚えるのが厳しそうという人が多いと思います。

ざっくりですが、**覚えておくべきは「営業利益」と「純利益」**です。このページではまず営業利益を理解しましょう。

ではここでレストランを例にとります。

営業利益は売上高から本業にかかる費用を引いたものです。レストランの費用として大きいものは「材料費」「人件費」「家賃」「光熱費」などでしょう。

たとえば売上高が1000万円で、費用が900万円なら、営業利益は100万円。営業利益率は10％となります。

少し雑ですが売上高が一気に2倍になったらどうなるでしょうか。

材料費はほぼ2倍になるでしょうが、家賃は店舗を拡大しなければ増えませんね。このため、材料費は「変動費」といわれ、家賃は「固定費」と呼ばれることがあります。客が増えれば人手も必要なので人件費が上がるかもしれませんが、2倍にはならなさそうです。光熱費も調理のためのガスの使用量が増えるかもしれませんが、照明やエアコン代は2倍にまでならないはずです。

そう考えると、売上高が2000万円に増えても費用は1600万円程度ならば、営業利益は400万円に。営業利益率は20％にあがるといったことが考えられます。

逆に売上が半減した場合を考えましょう。お客さんがこなくても、家賃はかかりますし、バイトに時給は払わねばなりません。売上高が500万円で費用が600万円、営業利益は100万円の赤字となってしまうことも考えられます。

売上高と営業利益はまさに本業の稼ぐ力を表したものです。売上高をどう伸ばせるか、どこにコストがかかっているか、どこに改善余地があるのかがわかります。そして営業利益率をライバル社と比べれば、その企業の強み、弱みも浮かび上がります。

次の項でいくつかの著名企業の営業利益率を比べてみましょう。

業種の特性や企業の努力は営業利益率に表れる

クイズです。

ご存じの4つの企業、

①トヨタ自動車、②JR東海、③任天堂、④セブン&アイ（セブン‐イレブンなどを運営）の2022年度の営業利益率は次のうちどれでしょうか？

A：31%、B：27%、C：7%、D：4%――。

営業利益率は次のどれでしょうか？

① トヨタ自動車	?	A 31%
② JR東海		B 27%
③ 任天堂		C 7%
④ セブン&アイ		D 4%

※トヨタ、JR東海、任天堂は2023年3月期、セブン&アイは2023年2月期

〈2−5〉

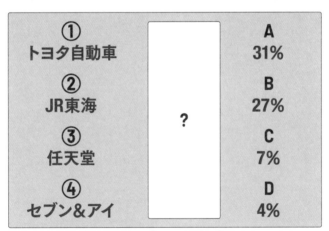

日本の主要上場企業の平均は5～7％程度で推移しています。業種にもよりますが10％を超えると収益力の高い企業とみなされることが多いといえます。

では利益率の高い順から答えを見ていきましょう。

最も高い31％は任天堂です。世界を代表するゲーム会社ですが、連結売上高が1兆6000億円もあるのに対して、従業員が7317人と少ないんですね。従業員ひとりあたりの売上高が2億円を超えているわけです。優秀でクリエイティブな人材が集まっていても、**人数が少なければ人件費の総額は抑えられます。**

そして、任天堂は自社で生産工場を持たない「ファブレス」企業です。**外部のパートナーに生産を委託しており、その点でも固定費が抑えられます。**

さらに最近はゲームもかつてのようなカセットやディスクではなく、オンラインのダウンロードも増えています。物理的なソフトの生産や配送、販売店のマージンも抑えられます。5000円のソフト1本の利益率が高いことは想像しやすいでしょう。

次の27％はJR東海です。

コロナ禍では営業赤字に陥りましたが、2023年3月期は旅行や出張が回復し、一気に高い利益率を回復しました。

しかし、ＪＲ東日本やＪＲ西日本の営業利益率は10％を下回っています。

なぜこんなに差があるのでしょうか。**それは、ＪＲ東海は地元在来線よりも、東京〜大阪を結ぶ東海道新幹線が大黒柱だからです。**

東京〜大阪間は飛行機も競合となりますが、利便性から新幹線を利用する人も多いでしょう。東京〜名古屋、東京〜京都だと、新幹線を選ぶ人が大半かと思います。つまりほぼ独占に近い形となっており、利益率の高い価格設定でもしっかり客席が埋まるビジネスモデルとなっています。

7％はトヨタ自動車です。

営業利益は2兆7250億円。2024年3月期には日本企業で初となる約4兆円を見込んでいます。

そんなトヨタですが、営業利益率では任天堂などに見劣りしますね。ザ・製造業とあって、従業員は連結で37万人を抱え、工場など製造にかかわるコストも大きな割合でかかってきます。任天堂とは対照的といえます。

それでも同業のホンダ（4・6％）、日産（3・6％）に比べると、営業利益率はかな

り高くなっています。 コスト削減の徹底もあろうかと思いますが、売上高がホンダの4・7倍、日産の14・9倍と大きく、規模のメリットもあるといえるでしょう。

最後の4%はセブン&アイです。

日本の小売企業で最も大きな売上高を誇りますが、営業利益率は低めです。小売業は完成品を仕入れて売る、というのが基本的なビジネスです。売上高に対する仕入れ費用の比率が高まるのは仕方ありませんね。

ちなみに小売業で営業利益率が高くて有名なのはユニクロを運営するファーストリテイリングで、直近の決算では13%となっています。 アパレルのなかで圧倒的な首位とあって、高いブランド力や商品開発力、さらには原材料を調達する際の交渉力も競合に差をつけています。

営業利益率は高いほうがいいとはいえ、業種によって状況は異なります。

既製品を仕入れて販売する小売業だと、利益率が何十パーセントにもなるのは難しいでしょう。こうした業種の特性を踏まえたうえで、その企業の収益力を見たり、ライバル企業と比べたりすることで、会社の稼ぎ方が見えてきます。

株主に直結するのが純利益

営業利益と並ぶくらい大切なのが純利益です。

営業利益とは本業の利益でしたが、それ以外にも利益を左右するものがあります。たとえば、たくさん借金している場合、利払い費がかさみますよね。これは営業活動と直接関係のないコストなので、営業利益を計算する際には考慮されません。

ほかにも、たとえば火災事故が起きて大きな損失が出た場合や、投資先の企業が倒産し、株が紙くずとなってしまった場合は「特別損失」として計上されます。2023年6月には日本郵政が、過去に出資した楽天の株価が下落したことで850億円の特別損失を計上したことはニュースで聞いたことがあるかもしれません。逆に出資先が予想以上に成長し、「特別利益」が生じることもあります。

こうした損益をすべて計算し、さらに納税額も差し引いた最後に残る利益が純利益です。**純利益は営業利益と比べ、振れが大きくなりやすい点に注意が必要です。**

上記の例のように特別損失や特別利益はその年限りの出来事の可能性が高そうですよね。本業の実力とはあまり関係がないこともあります。何年かの期間で企業の実力がどう変化しているかを見るならば営業利益のほうが使いやすい場合が多いといえます。

ではなぜ純利益が大事なのでしょうか。**それは純利益こそが株主のモノだからです。**

純利益の一部は配当として株主に支払われます。

ただ、多くの企業は純利益の半分以上は会社の資本として内部留保し、将来の事業投資やM&Aの原資として貯えます。株主からすると、「配当」で純利益の全額をもらえなくとも、会社に貯えられる「資本」も株主のモノです。

つまり1年間の純利益はその企業が株主に対して生み出せた果実です。この果実は来年も再来年もあるはずですし、どんどん成長するかもしれません。そうした将来の果実も株主のものとなります。

株式の価値はざっくりいうと、この純利益という果実の積み重ねです。数年後の果実がどれほどなのかは誰にも見通せませんが、それがどうなるか思い巡らし、投資家は株を買ったり、売ったりします。

利益のうち、いくら配当にまわすのか

会社は稼いだ純利益を「配当」として現金を株主に分配することができます。**純利益のうち何%を配当に回すかの比率を配当性向といいます。**

たとえば100億円の純利益のうち30億円を配当として株主に分配するなら配当性向は30%です。日本の大企業では30－50%程度にすることが多いのですが、まったく配当しない企業もあれば、純利益のほとんどすべてを配当する企業もあります。たとえば、武田薬品工業は88%、花王は81%、任天堂は50%、キーエンスは20%、ソニーグループは8%とさまざまです（2023年3月期決算）。

配当性向は何%が妥当なのかは業種にもよりますし、会社の成長ステージにもよります。

創業して間もない企業の多くは無配です。

創業当初で資金繰りが安定していなければ、株主に配当として資金を出している余裕が

ありません。そんなことをしたら倒産にも陥りかねず、株主にとっても困ります。

資金繰りが安定してきても、多くの企業は無配を続けるのが一般的です。というのも、事業をこれから大きくしていくというステージでは、人件費や事業投資などおカネがかかります。株主も経営者も企業の成長を期待しているわけですから、この段階では利益を株主に渡すよりも、成長に向けた投資に使うほうが合理的です。

ものすごく大きい企業になっても無配を続ける代表格がAmazonです。オンライン通販が黒字になっても、Amazonは一向に配当を始めませんでした。**配当に回すよりも、稼いだ利益を新たなビジネスの投資に回していくほうが、長い目で見た企業の収益力や規模、ブランドの向上に寄与すると判断したからです。**

この判断ができたのは創業者であるジェフ・ベゾス氏が大株主だったことも大きいでしょう。目先の利益や配当よりも10年20年のスパンでの成長を考え、クラウドサービスなどさまざまな大型投資や企業買収を進めてきました。

逆に配当性向が高い企業はどんな企業でしょうか。それは、一般に成熟企業の可能性が高いです。

日本の主要企業で配当性向が50%を超える企業をならべてみました。

企業が成長ステージから成熟ステージになると、新たな投資をしなくても安定的に収益を稼げるようになります。株主からは、無理にリスクをとって規模拡大を追求するよりも、利益を配当に回す要望も強くなります。

配当性向をどこまで高めるかは、どれだけ成長に向けた投資が必要かという判断の裏返しでもあるわけですね。だからこそ、何%がベストという正解は存在しません。同時に、その企業の経営者自身が考えている成長ステージもにじみでてくるわけです。

ところで、稼いだ一部を「配当」で株主に渡すというのはイメージしやすいと思いますが、会社に貯えられる「資本」になるというのは少し想像しづらくないでしょうか。ここを理解するうえで大切なのが、このあと紹介するバランスシート（貸借対照表）です。

とっつきにくい概念ですが、これを理解することで、企業経営の理解が一気に高まりますし、投資先の銘柄選びの重要なモノサシにもなります。そして、２０２３年から急に話題になったＰＢＲもバランスシートを知らずして理解できません（ＰＢＲも後ほど解説します）。次のページから「レストラン経営」というわかりやすい例を出し、バランスシートの基本をザックリ理解してもらえればと思います。

日本の主要企業で配当性向が50%を超える企業

東京エレクトロン
任天堂
ソフトバンク（通信）
第一三共
日本たばこ産業（JT）
東京海上ホールディングス
武田薬品工業
ゆうちょ銀行
キヤノン
ファナック
ニデック
アステラス製薬
京セラ
イオン
花王
キリンホールディングス
野村ホールディングス
関西電力
資生堂
日本取引所グループ

（出所：QUICK FactSet 2023年11月時点の直近発表の予想ベース）

〈2−6〉

バランスシートもレストラン経営で学ぼう

これからレストランを開くという例で、バランスシートをかなり単純化して説明します。実際のレストラン経営も財務諸表ももっと複雑ですが、まずは大づかみする目的ということで、ご理解ください。

では、こういう状況をイメージしてください。

200万円を資本金にレストランを起業したとします。これにプラスして、銀行から100万円を借り入れ、手元資金は300万円になりました。このうちの150万円で、レストランの内装を整えたり、調理器具を購入します。そして残りは銀行に預金し、運転資金にしたとします。

レストラン開店からイメージしよう

- 200万円の自己資金でレストランを開く
  →この200万円を資本金（株式）に起業
- 銀行から100万円借り入れ
  →手元資金は計300万円に
- うち150万円で、内装や調理器具を購入
- 残った150万円は銀行に預金
  →運転資金に（原材料費、家賃、人件費など）

〈2–7〉

これをバランスシートにすると〈2―8〉の表のようになります。

シートの右側は資金をどうやってまかなったかです。自己資金である200万円（資本〈純資産〉）と、銀行からの借り入れ（負債）である100万円が書いてあります。**シートの左側は、そのおカネをどう活用しているかです。**150万円は内装や調理器具などの資産に、残り150万円は運転資金として銀行預金やお店のレジの現金として置いています。この現預金も資産です。

シートの右も左も合計額は同じ300万円。これらがきれいにバランスしているのでバランスシートと呼びます。なお、バランスシートの語源については「バランス」に「残高」という意味もあることが込められているとの説もあります。

では、話を進めましょう。開業から1年、お客さんに恵まれ、黒字になりました。経費や税金を差し引いた純利益が1年で100万円になったとします。

創業間もないので、配当は0円として、100万円全額を「資本」にまわし、会社にとどめます。

これがバランスシート（貸借対照表）

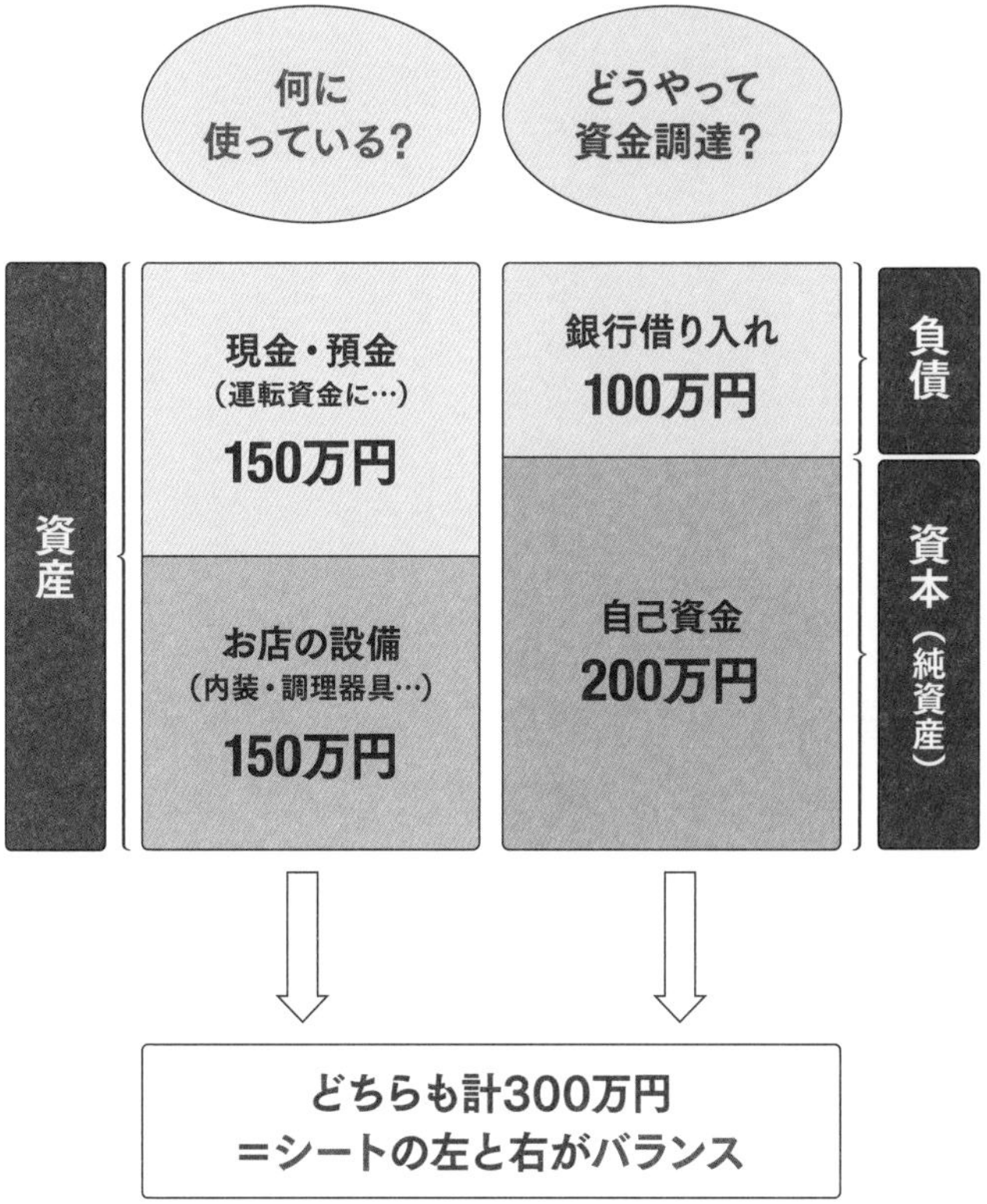

〈2−8〉

そうすると、バランスシートは〈2－9〉の表のように変化します。

1年後のバランスシート（下のシート）の左側の上を見ると、現預金が100万円増えて、計250万円になりました。これはわかりやすいですよね。

シートの右側では、100万円の利益は資本（純資産）に加算されます。

この100万円は借金ではなく、会社が稼いだ利益です。つまり、銀行借り入れのように他人に返すものではなく、会社自身の資本となるわけです。こうして、資本は「200万円＋100万円」で計300万円に充実します。


結果として、今回も左右のシートは計400万円でバランスします。

なお、内装は年々劣化するので、設備の価値は元々の150万円より落ちていきます。減価償却といって本来はバランスシートの価値も変わるのですが、こういったことも踏まえると話が長くなるので、今回は割愛して、かなり単純化します。

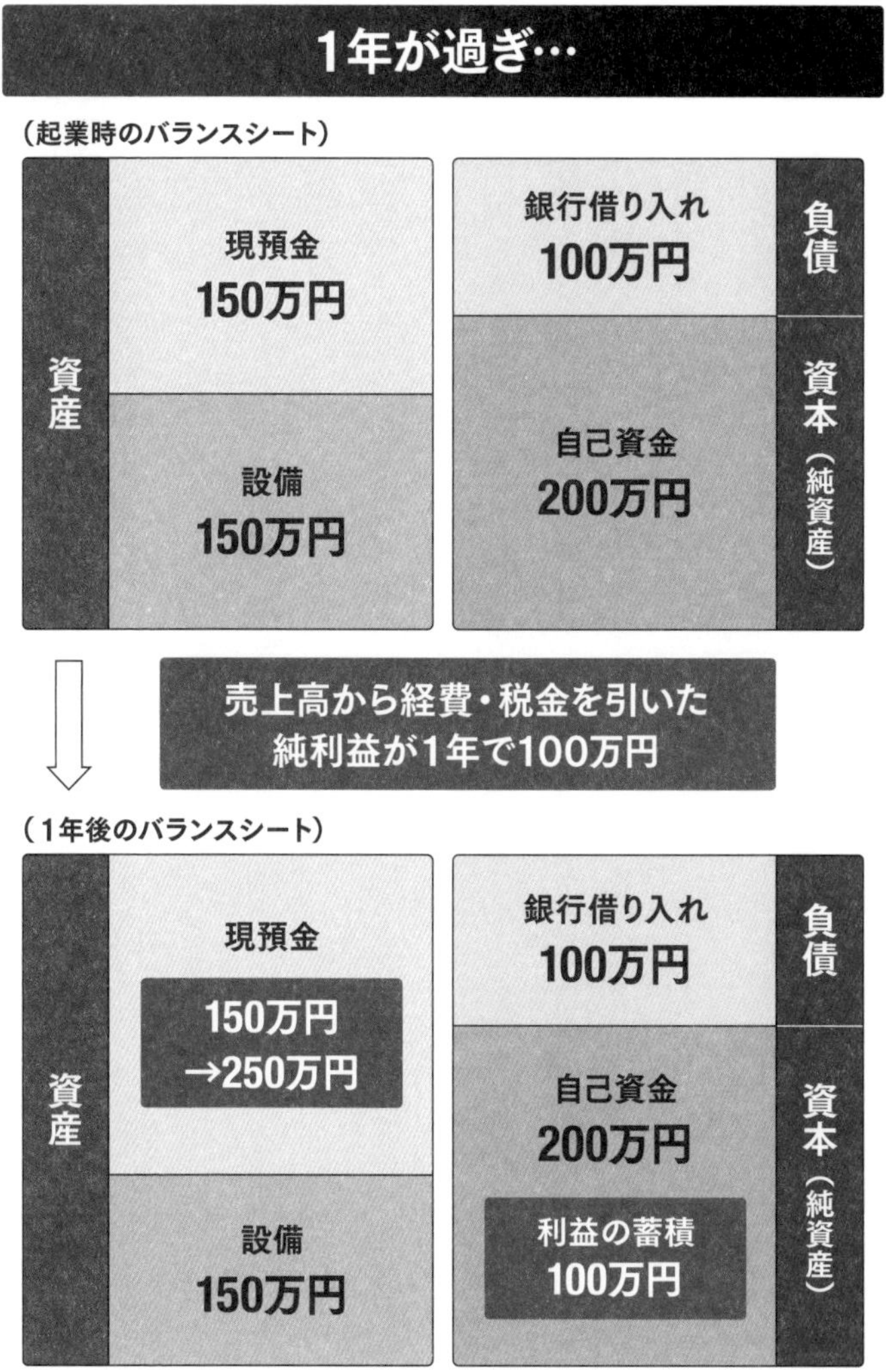
1年が過ぎ…
（起業時のバランスシート）
資産
現預金
150万円
設備
150万円
銀行借り入れ
100万円
負債
自己資金
200万円
資本（純資産）
売上高から経費・税金を引いた
純利益が1年で100万円
（1年後のバランスシート）
資産
現預金
150万円
→250万円
設備
150万円
銀行借り入れ
100万円
負債
自己資金
200万円
利益の蓄積
100万円
資本（純資産）

〈2−9〉

お店を拡張した場合

お客さんが絶えないので、「席数を増やそう」「2店舗目を出そう」と攻めるパターンも考えておきます。

銀行から追加で300万円借り入れることにしました。350万円を使って新店舗を開店するとしたら、シートは〈2－10〉の下の表のようになります。

シートの左では、現預金は元々250万円です。銀行から300万円借りたので、その瞬間は現預金が550万円になります。そのうち350万円を新店舗の設備に充てることにしたので、現預金は「550万円－350万円＝200万円」に減ります。一方、その分設備は合計500万円に増えます。

シートの右は負債が膨らみます。銀行から追加でおカネを借りたので、400万円に。資本は変化がありません。これも左右が計700万円でバランスしていますね。

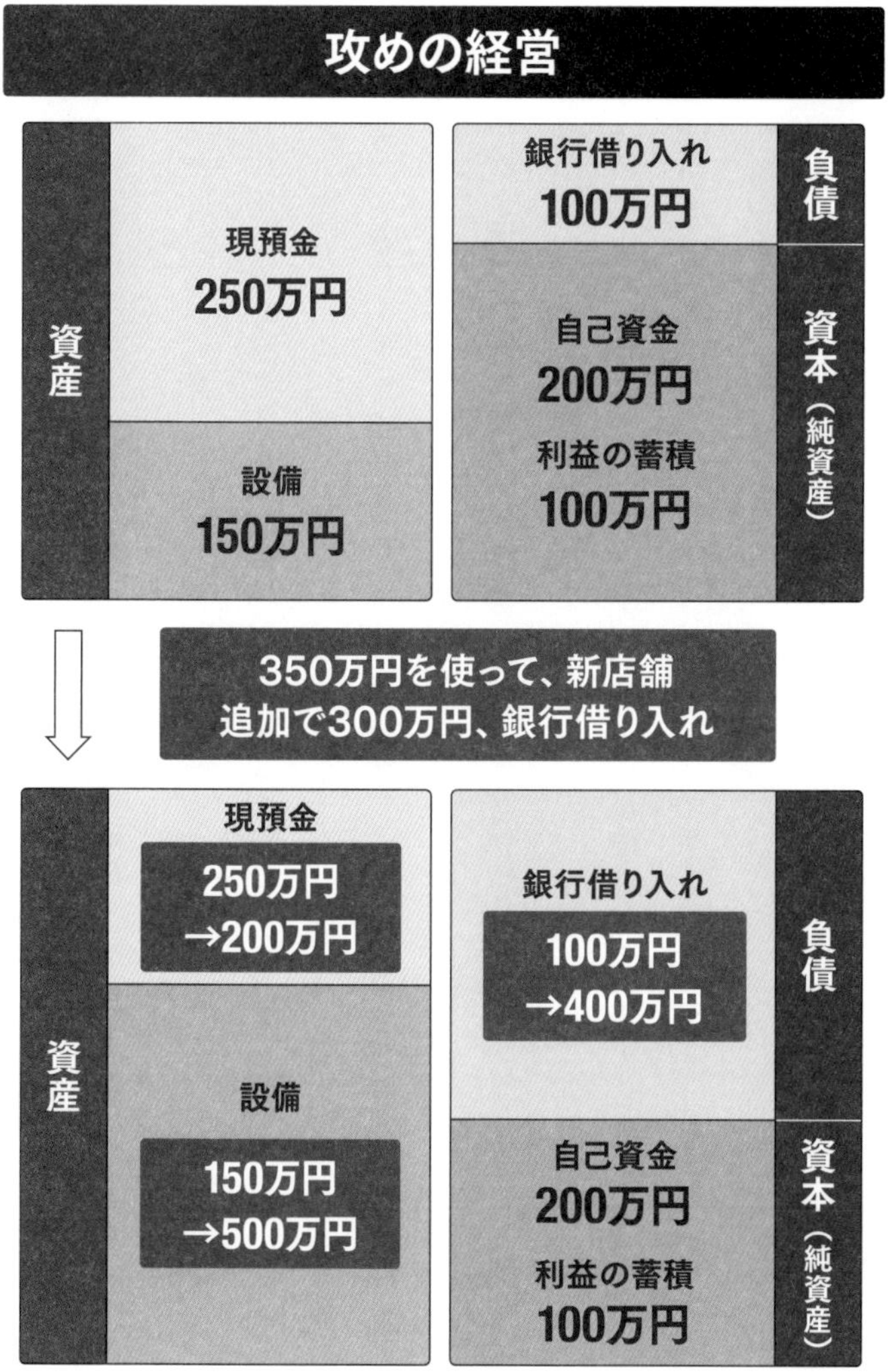
攻めの経営
資産
現預金
250万円
設備
150万円
銀行借り入れ
100万円
負債
自己資金
200万円
利益の蓄積
100万円
資本（純資産）
350万円を使って、新店舗
追加で300万円、銀行借り入れ
資産
現預金
250万円
→200万円
設備
150万円
→500万円
銀行借り入れ
100万円
→400万円
負債
自己資金
200万円
利益の蓄積
100万円
資本（純資産）

〈2−10〉

ここでバランスシートをざっくり整理してみよう

わかりやすさ重視でレストランの経営でバランスシートを見てきました。財務の入門書風にまとめてみます。バランスシートの左側は、持っている資産の内訳です。資産は、大きくは「流動資産」と「固定資産」にわかれます。流動資産とは、現金預金や売掛金（あとで取引先から入金されるおカネ）などで、換金性の高いものです。「固定資産」は土地や建物、機械、車など、長期間保有するものです。ソフトウェアも「無形固定資産」として計上されます。

バランスシートの右側はその資産を持つための裏側として、どのように資金を調達してきたかです。「負債」は銀行借り入れや社債などのいわゆる借金です。買掛金や退職金の引当金といった、将来おカネを払わないといけないものも含まれます。「資本（純資産）」は株主が出資したおカネです。これまでのレストランの事例で見たように、その後の利益の積み重ねは配当で株主に分配したもの以外が基本的に資本として積み重なっていきます。

バランスシートの基本的な形

流動資産	・現預金 ・売掛金 ・棚卸資産 ・有価証券など	・銀行借り入れ ・社債 ・買掛金 ・退職金の引当	負債
固定資産	・土地建物 ・設備 ・車 ・ソフトウェアなど	・元々の資本 ・過去の利益の蓄積	資本

〈2−11〉

自己資本比率は高ければいいわけでもない

バランスシートの右側の「資本」の比率が「自己資本比率」です。「資本」を「資産（資本＋負債）」で割って計算します。

借金に頼っている度合いが大きければ、自己資本比率は低く、逆に借金に頼っていなければ自己資本比率は高くなります。**自己資本比率が高いほど自立できており、事業環境の変化にも耐久力があります。**つまり自己資本比率は健全性の指標として使われることがあります。

そう聞くと、「自己資本比率は高ければ高いほどいい」ようにも思えますが、そう単純でもありません。

たとえば、**とても有望なビジネスがたくさんあるならば、借金をしてでも事業拡大すべきです。**借金というリスクをとってでも前に進むべき局面は多くの企業にあります。

また資本も積み上がればいいというわけでもありません。

ビジネスが成熟してきて、せっかくの資本を有効活用できるようなおカネの使い道がないようであれば、社内にため込むよりも、株主に配当として分配したり、賃上げで社員の士気や採用力を高めることなどに使ったほうがいいかもしれません。

言い換えれば、株主にも従業員にも分配せずに資本をため込んで、事業は頭打ちなのに本社ビルや社長室ばかり立派になるようなおカネの使い方をしている企業はあまりよくないと感じますよね。

適切な資本の規模、負債の規模、資産の規模は業種にも会社の成長ステージにもよります。

その時々でどういうバランスをとるのが適切なのかよく考えるのが資本戦略です。

次の項で、トヨタと任天堂のバランスシートを比べて、イメージを膨らませましょう。

バランスシート、トヨタと任天堂を比べてみよう

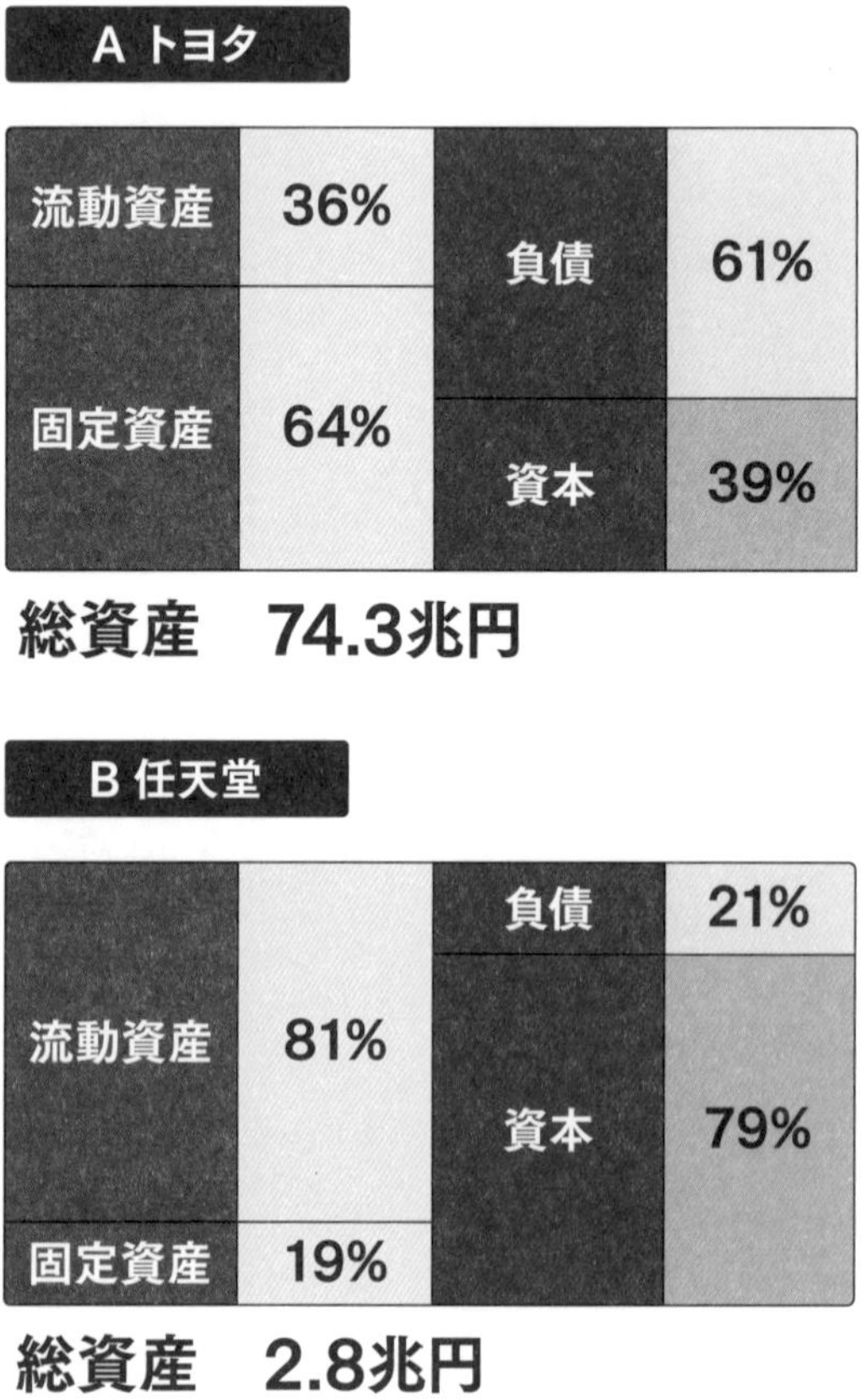

（出所：トヨタ、任天堂の2023年３月期IR資料より著者作成）

〈2−12〉

〈2－12〉はトヨタ自動車と任天堂のバランスシートをかなりシンプルにしたものです。資産規模を見ると、トヨタは74・3兆円と巨大です。工場、事務所、販売・流通網と、日本中、世界中に拠点があります。資産の内訳も固定資産が64％と多くなっています。

一方、任天堂の資産は2・8兆円。トヨタの約26分の1ほどですね。これまでに説明したように、任天堂は工場をもたないファブレスメーカーです。たとえばNintendo Switchの製造は台湾の鴻海精密工業などに委託しています。自分自身の資産はかなりスリムなわけです。固定資産の比率も19％と小さいですね。バランスシートの右側も比べましょう。トヨタは負債のほうがやや多くなっており、任天堂は負債が少ないですね。**トヨタはたくさんの資産を要するビジネスモデルである以上、負債も活用しています。**製造業の典型的なバランスシートといえます。**一方、任天堂は資産が身軽な分、借金に頼る必要性も低く、自己資本比率は高くなっています。**日本を代表する企業でもバランスシートの構成はずいぶん変わるわけです。

ぜひいろんな企業を思い浮かべ、バランスシートのザックリとした中身を試しにご覧ください。イメージに沿っていればおもしろいでしょうし、逆にイメージとずいぶん違うならば、それこそが気づきと学びのきっかけになります。

バランスシートにのらない「人的資本」

ここ数年、「人的資本経営」という言葉をよく聞くようになりました。**では「従業員」はバランスシートの「資本」や「資産」にあるのかというと、実はのっていません。**

従業員は工場のように会社が所有しているモノではありません。

毎月給料を払って、労働を提供してもらいますが、会社が自由自在に使えるわけではなく、いつ転職するかもわかりません。資本や資産に計上する性格ではないんですね。

でも、会社にとって従業員って大切ですよね。

優秀な人が集まり、活気がある会社ってすごく価値がありそうです。逆に優秀な社員が続々と退職している企業はバランスシートにすぐ変化が起こらなくても、かなりまずいといえます。

近年は若い世代の働き方の意識が変わり、転職が増えています。もとより少子高齢化です。**従業員にやりがいや働きやすさを感じてもらいながら、会社を成長させていくことの重要性は年々高まっているといえます。**

バランスシートにはのっていない「資本」ですが、だからといって軽視するのではなく、もっと向き合っていかなくてはならない。そんな意識変化の裏返しが「人的資本経営」という言葉をよく聞くようになった背景ともいえます。

バランスシートにのらない資本や資産はほかにもあります。

たとえば「ブランド」。

iPhoneはその知名度や信頼感から、ほかのスマートフォンより高くても買うという人はたくさんいます。このブランドは数値化が難しく、財務諸表には通常計上されません。

「ブランド」に近いかもしれませんが、「顧客」もそうでしょう。長年信頼されているお客さんがたくさんいる企業は持続性が高そうですよね。ただ、お客さんもやはり財務諸表で数値化しづらいんですよね。

ほかにも技術力や環境・多様性といった時代の変化への対応力も、財務諸表に表れない資本・資産です。財務諸表はとても便利なものさしですが、モノサシだけでは測れない価値もたくさんあります。財務諸表にのらない価値にこそ魅力があり、株価が高くなっている企業もあります。

もちろん財務諸表を軽視していいわけではありません。とても大切なモノサシですが、同時にいろんな視点で会社の価値を見ていくことが大切です。

フォロワーも「資本」

コラムをもうひとつ。私自身の小さな雑談でもありますが、「フォロワー」も大切な資本だという話です。

私は日本経済新聞社に所属していたころ運営していたX（Twitter）のアカウントでは、フォロワーは37万人まで増えました。

退職にあたり、アカウントは停止し、新たに個人のアカウントをつくりました。新アカウントがどれくらい増えるのか不安でしたが、新たなアカウントを立ち上げて、1日で10万人以上のフォローがつきました。

日経記者の肩書で運営していたXではありましたが、「後藤達也」個人として認知し、支持してくださる方がこんなにたくさんいたことは本当に驚き、感激しました。

フォロワー数が多いと、影響力や拡散力が高いとみなされ、さまざまな仕事のオファーが届きやすくなります。いただいた仕事をこなしていくうちに知名度や取引先からの信頼度が高まり、フォロワーが増えるという好循環にもなります。

フォロワーはiPhoneのブランド価値と同じで金額換算が難しいですし、当然バランスシートにも計上できません。

それでも事業活動の拡大に直結するとても大切な資本です。

日経新聞を退職するかなり前の話です。

フォロワーが10万人を超えていたころ、「後藤さんのXのフォロワーは1億円以上の価値があるよ」といわれたことがあります。

私の情報発信スタイルやフォロワーの質、今後の可能性を考えると、1億円以上のキャッシュフローを生み出す価値があるというのです。

そのときは聞き流す程度だったのですが、いまから振り返ると、1億円なのかはさておき、Xのフォロワーは、すごい潜在力のある資本だったといまになって痛感しています。

独立して数日後には「報道ステーション」の出演依頼がきたり、YouTubeの登録者が1カ月あまりで10万人を超えたりしました。独立から3カ月後にはじめたnoteの有料会員は半年で2万人を超えました。サブスク収入は日経新聞時代の給料の10倍以上にもなりました。

私は会社を辞めるときには「年収が100万円になっても構わない」という覚悟がありました。フォロワーが多いからといって、それがどれくらいの武器になるかは辞める前には読めません。

言い換えれば、フォロワーという資本を過小評価していたと思います。

大企業もXやYouTube、TikTokといったプラットフォームの活用にかなりのリソースを注ぐようになっています。会社のブランドや商品のPRはもちろん、採用力にも直結するからです。

従来の企業広報はテレビ番組や新聞記事で紹介されるというのが重要なチャネルでした。しかし、最近は企業自身がSNSをいかに活用し、認知を広められるかが、重要になっています。

もちろんフォロワー至上主義のような風潮が好ましいとは思いません。

ただ、SNSが高い影響力を持ち、この発信が広がっている時代でもあります。「フォロワー」や発信力、といった金銭価値に表しにくい資本をどう見積もり、どう育てていくかは、企業にとっても重要になっていると思います。

バランスシートにのらない「資本」

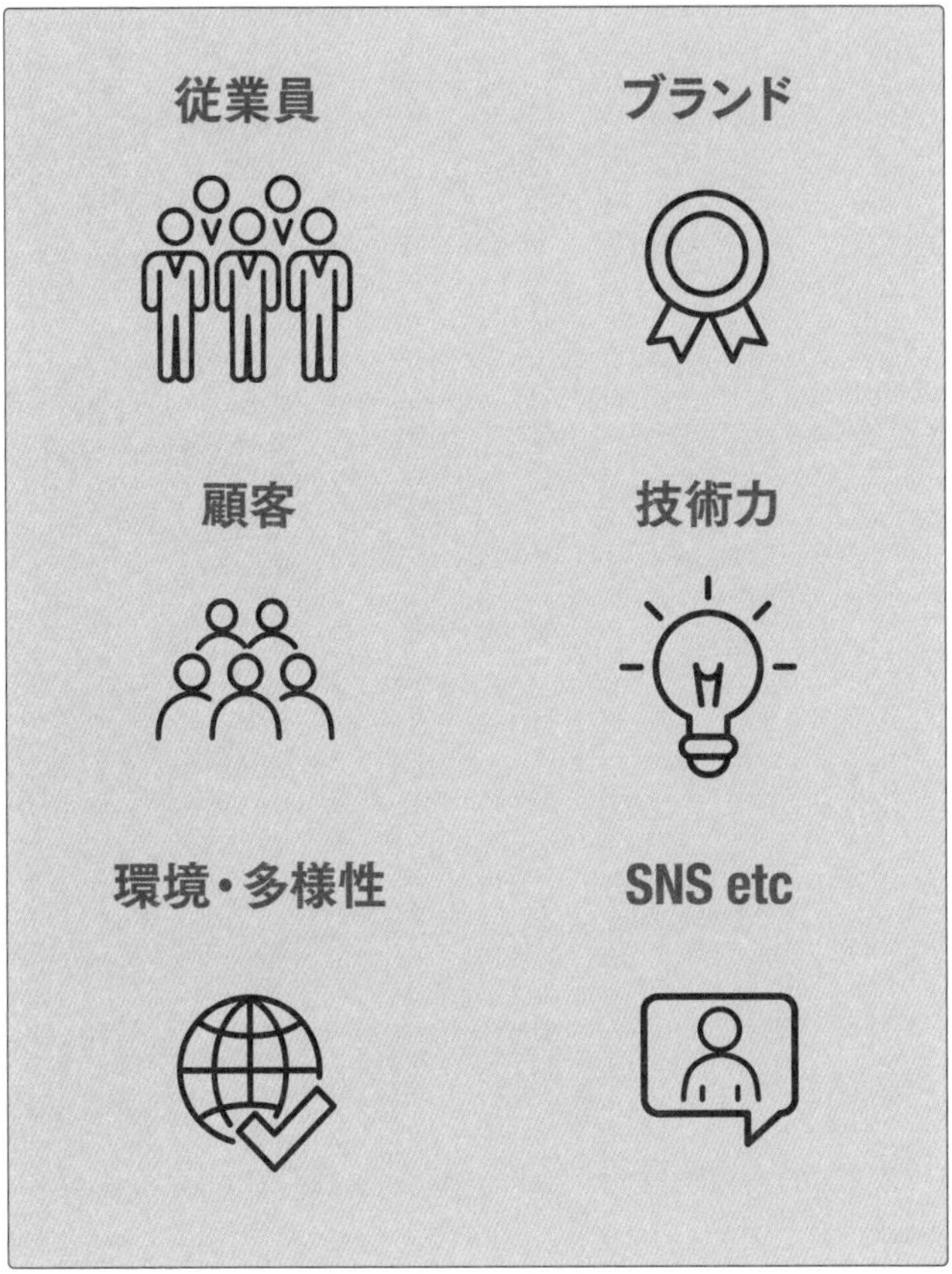

〈2−13〉

損益計算書はフロー、バランスシートはストック

バランスシートのイメージがだんだんわかってきたかと思います。

経済には「フロー」と「ストック」という概念があります。

「フロー（流れ）」は1年や四半期という一定期間内に、会社がどう走ったかということです。その期間の売上高やコスト、利益を映します。

「ストック」は残高のイメージです。2023年3月末、といった特定の時点で会社の状態を見たものです。どれくらい借り入れているか、資本はどれだけたまってきたか、どういう資産を持っているかが表れます。

浴槽でたとえると、お湯を入れたり、栓を抜いて流れたりするのが「フロー」です。毎秒、毎分、流入したり、流出したりします。

一方、浴槽にたまったお湯の量が「ストック」ですね。

ストックはそれまでのフローの積み重ねによって決まります。ストックの量を変えたけ

れば、お湯を足す量を増やしたり、栓を抜いたりしてフローで調節するわけです。両者は密接に関連しています。

毎年毎年の売上高やコストの変動によって、その会社にたまる資本の量は変動します。その資本の量を踏まえて、経営者は資本戦略を立て、工場を建てたり、製品を開発したりして、バランスシートのカタチが変わっていきます。

その新たな会社のカタチがまた利益を変動させていきます。

ROE（自己資本利益率）の重要性はますます高まる

フローとストックは密接に関連しているとお伝えしましたが、両者が効率的にかみ合っているかを測る指標がROE（自己資本利益率）です。

ROEは、1年間の純利益を資本（純資産）で割って算出します。株主の持ち分である資本をいかに活用し、利益に結びつけているかを示しているわけですね。

資本（純資産）が1億円のレストランがふたつあるとします。

レストランAは純利益が2000万円（ROE20%）、レストランBの純利益が400万円（ROE4%）とすると、**当然、レストランAのほうが資本を効率的に活用し、利益に結びつけているわけです。**

イメージしやすいように具体例を出しましょう。

レストランAはもともとシェフが有名で、集客力が高く、稼いだ利益を新店舗の開店に回そうとしています。一方、レストランBは黒字を出してはいるものの人気店ではありま

ROEのイメージ図

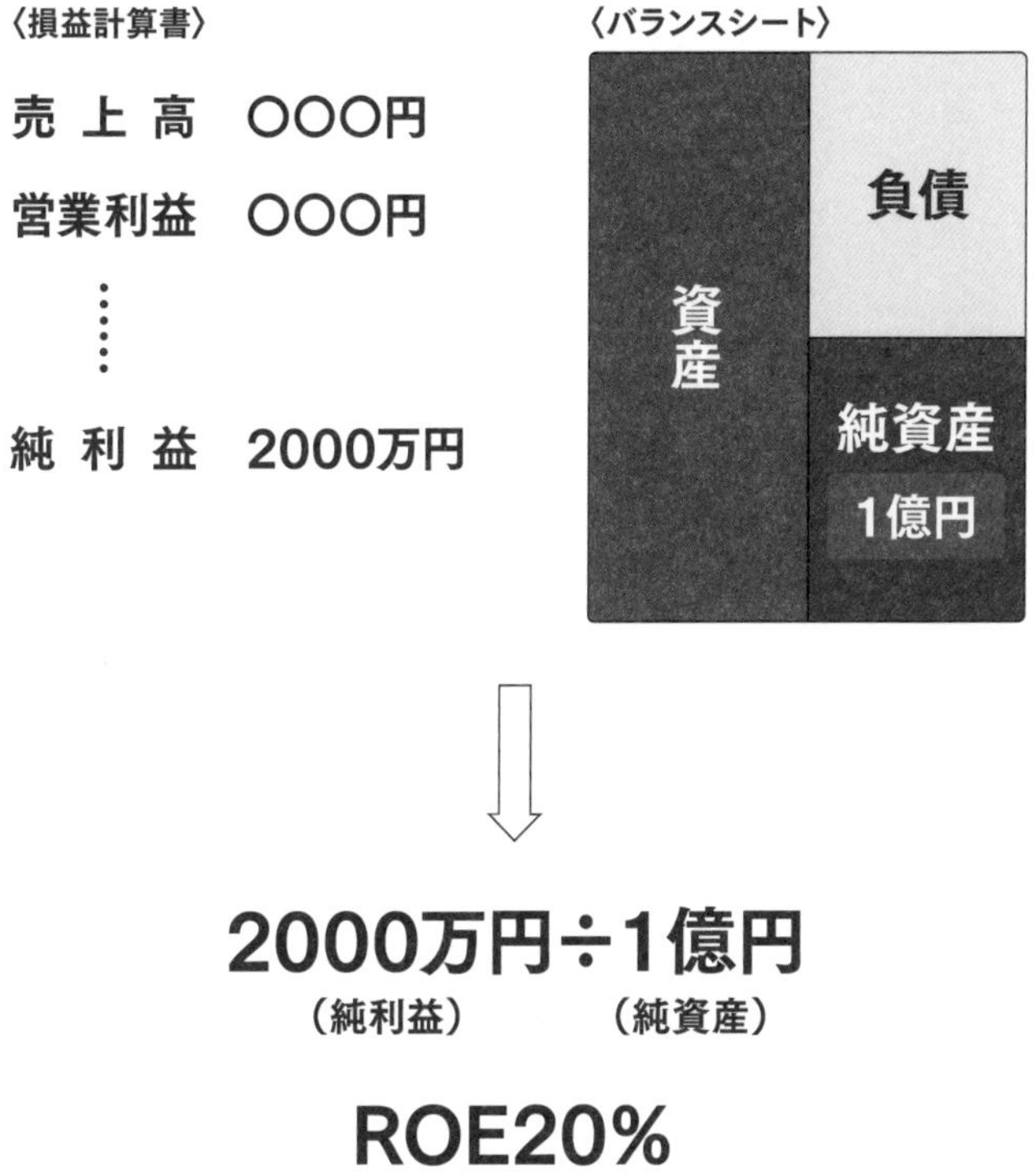

〈2−14〉

せん。稼いだ利益は店主の移動用の高級車に充てられていたとします。

極端な例ですが、これではレストランBに追加出資をしたくなりませんよね。お店の人気もイマイチなのに、高級車を買うくらいなら配当で株主に返してほしいでしょう。

ROEで問われているのは、株主に託された貴重な資本を、いかに利益に結びつくように活用しているかです。**ROEを上げるためには、過去の慣例にしばられず、将来きちんと収益を生み出すプロジェクトや資産におカネを振り向けていくことが大切です。**

高級車の購入をせずとも、前例踏襲で不採算分野にダラダラとおカネを使っていたらROEは高まりません。事業の整理はさまざまな摩擦を伴いますが、リスクをとって英断することもまた経営者の仕事です。

ROEを高めるには利益を上げるだけでなく、資本を圧縮するという手段もあります。「利益÷資本」がROEですから、計算上、そうですよね。

資本を圧縮するというのは、配当などを通じて株主に利益を還元することです。

たとえば1億円の資本のレストランBが株主に2000万円を配当で渡すと、資本は8000万円に減ります。仮に利益を400万円で保てていれば、ROEは4%から5%に高まります。言い換えれば、「店の利益率に貢献しない高級車を買うくらいなら、配当で還元しろ」というわけです。

高級車はわかりやすい例ですが、こういう構図は大企業でも起こります。資本が積み上がりすぎ、不採算事業もなかなか整理しなければ、株主から「もっと配当を増やせ。むだな事業はたため」という圧力が高まります。**日本の上場企業のROEは8%程度が中央値で、5%前後のところも少なくありません。**アメリカでは20%程度が一般的です。日本は資本を効率的に活用できていないという指摘がかねてよりありました。

東京証券取引所は2023年3月、上場企業に対して活をいれる次のような趣旨の要請を出しました。「単に売上高や利益水準を意識するだけでなく、バランスシートをベースとする資本コストや資本収益性を意識した経営を実践していただく」と要請したのです。**これは「株主軽視の経営から脱却せよ」といっているのに等しい厳しい要請です。**

東証はROEの低さに加え、後にふれるPBRという指標からも日本企業の経営課題を指摘し、発破をかけました。このことは投資家やメディアでも注目され、企業の緊張感がグッと高まりました。2023年4~6月に日本株が上昇した一因ともいわれます。

第2章では「株とは何か」「決算とはなにか」の基本を見てきました。第3章では第2章を土台に「株価」を解きほぐしていきます。

第3章

株価はなにで動くのか

株価を見る「虫の目」「鳥の目」「魚の目」

株価はなぜ動くのか。

この章は「虫」「鳥」「魚」の3つの目で見ていきます。「何の話？」と思うかもしれませんね。

この3つの目って、どんな特徴がありそうですか？

「虫の目」は近い距離から、じっくりと、いろんな角度から、ものごとを見る目です。

「鳥の目」は空から全体を見渡す感じです。

「魚の目」は距離というよりも、水の流れ、潮の流れを読むイメージです。

どの「目」も大切で、それぞれ組み合わせることで、株式市場という複雑な世界が立体的に見えるようになります。

もう少し具体的に考えてみましょう。

「虫の目」で見る対象は企業です。

株価の土台となるのは企業の利益です。いま稼ぐ力はどれくらいあるのか。将来は成長するのか、安定的なのか、衰退するのか。もちろんこれを正確に見通すのは簡単ではありませんが、企業の発表資料やニュースをできる限り読み込んでいくことで、妥当な株価が見えてきます。

ところが、**株価というのは個々の企業の力ではどうにもならない要因で大きく動くことがあります。**そこで大切なのが**「鳥の目」**です。

日本や世界の景気はどうなのか。賃金、物価はどうなっていくのか。金融政策や為替レートはどう動き、経済や企業収益にどんな影響を与えるのか。

これは個別企業のプロジェクトよりもかなり大きなトピックですよね。でも、利益を直撃するわけで、当然、株価も左右するわけです。

このため、たとえばトヨタ株を買ったからといって、トヨタの決算やトヨタのニュースだけ見ていればいいというわけではありません。幅広い経済ニュースに目を配り、それがトヨタのビジネスにどう影響するのか、日々考える視点が大切です。

株式市場では個々の企業の動きを「ミクロ」、景気や政策を「マクロ」と呼ぶことがあります。ミクロを見る虫の目、マクロを見る鳥の目、というわけですね。

そして、**「魚の目」**です。

これは企業や景気といったものより、フワッとしたものかもしれません。

世の中には、はやりすたりがありますよね。たとえば、ここ数年ではAIが大きな話題となり、世界がどう変わるのか、どんな企業が突き抜けるのか……といった話題が株式市場でもホットになりました。

もちろんその答えはすぐにはわかりません。それでも「次はここがブームだ」と大きなおカネが動けば、株価も大きく動きます。

その企業が将来、本当におカネを稼ぎ出すのか不確かだとしても、たくさんの投資家の期待が集まり、大きなおカネの流れができれば、株価は上がります。逆もしかりで、企業の実態がしっかりしていても、投資家が離れていけば、株価は下がります。

こういった**市場の雰囲気やおカネの流れを見る目**は「虫の目」「鳥の目」とはまた異なる**「魚の目」**といえるわけです。

この3つの目を組み合わせることが大切です。

たとえば円安が進んで、外国人観光客が急増することは「鳥の目」かもしれません。でもそれを受けて、企業が対応策をとったり、収益がグッと上がったりすれば「虫の目」ですよね。

あるいは、景気が鈍いなかでも、期待先行で株価がグングン上がったとしましょう。これは「魚の目」に近いといえます。ところが株価が上がると、株を持っている個人の懐が潤い、消費が増えるかもしれません。これは「鳥の目」ですね。株価が高ければ、企業が増資して、新たに資金調達すれば「虫の目」です。

「虫」「鳥」「魚」と3つにわけたわけですが、さまざまなニュースやデータはいろんなところでつながります。一つひとつの出来事として片づけるのではなく、**3つの目を組み合わせて、世の中の動きに思いめぐらすことで、株価がなぜ動くのか理解が広がります。**

そうやって思いめぐらし、なにかに気づいたり、ときに驚かされたりすることで、経済や社会を見る目も豊かになっていきます。それは第1章でもお話しした「投資を通じて得られるおカネ以外の価値」にもなります。

では、まず一番とっつきやすそうな「虫の目」から見ていきましょう。

虫の目 スタジオジブリの価値を考えてみよう

2023年9月、「日本テレビがスタジオジブリを子会社化」というニュースが世間をにぎわせました。

日テレがジブリの株を42・3％取得します。過半ではありませんが、ジブリ社長には日テレの福田博之氏が就き、実質支配基準で子会社化するというものです。発表時に株の取得額は公表されず、ジブリの価値っていくらなのか、話題にもなりました。

そこで多くの国民になじみのあるジブリを題材に「企業価値」について、やわらかく考えるところから「虫の目」に入っていきたいと思います。

ジブリは上場しておらず、詳細な財務諸表や株主構成は公開されていません。手掛かりとなるのは決算公告。〈3－1〉の表は2023年3月時点のざっくりとしたバランスシートです。

まずイメージしやすいのは下から2番目の「当期純利益」です。２０２２年4月～２０２３年3月の1年間の純利益（税金などを引いた最終の利益）は34・3億円でした。

アニメ業界では、企業価値は1年間の純利益の30倍程度が一般的です。なお、この比率はあとで説明するＰＥＲと呼ばれるものです。決算公告の純利益から単純計算すれば、ジブリの企業価値は約１０００億円（34・3億円×約30倍）となります。

一方、株主資本は２８１億円です。

第2章で学んだように株主資本は、過去に株主が出資したおカネや、企業が稼ぎ、社内に資本としてためてきたおカネです。帳簿上の企業の価値といえます。

帳簿通りならジブリの価値は２８１億円とな

第 21 期 決 算 公 告

令和5年6月 26 日
東京都小金井市梶野町一丁目4番 25 号
株式会社スタジオジブリ
代表取締役　鈴木　敏夫

貸借対照表の要旨
(令和5年3月 31 日現在)(単位：百万円)

科	目	金額
資産の部	流動資産	22,125
	固定資産	9,054
	合計	**31,179**
負債及び純資産の部	流動負債	3,014
	株主資本	28,165
	資本金	10
	資本剰余金	2,774
	利益剰余金	25,380
	その他利益剰余金	25,380
	（うち当期純利益）	(3,430)
	合計	**31,179**

〈3−1〉

ります。

しかし、第2章のレストランの例で見たように、ものすごく知名度や人気があれば、いまの資本以上の値段でその企業を買いたい人も出てくるはずです。株主資本の2倍でも払うという人が出てくれば、562億円になりますね。この比率はあとで説明するPBR（株価純資産倍率）です。PER30倍で見たときの1000億円と比べ、少し安くなります。日テレはジブリ株を取得するにあたって、利益や資本を踏まえ、さまざまなモノサシで企業価値を測っているはずです。

仮にジブリの価値が1000億円ということで日テレとジブリ株主の折り合いがついたならば、日テレの取得額は423億円（42・3％取得なので）となります。

日テレは2023年3月期～2025年3月期に計1000億円の戦略的投資を実施する方針です。ジブリ買収にはこの枠が充てられるとみられます。さきほどの仮の試算である423億円とも目線はそれほど離れていませんね。

2022年、鈴木敏夫プロデューサーが日テレの杉山美邦会長に、ある温泉宿で株式取得を打診したといいます。1000億円の投資枠の柱に「IP（知的財産）の開発」「コンテンツ制作体制の強化」があります。鈴木プロデューサーの打診を受け、日テレ内で一気に検討が進んだ様子がうかがえますね。

もういちどバランスシートです。今度は資産を見てみましょう。

総資産は311億円です。うち流動資産（現金化しやすい資産）は221億円、固定資産（土地、建物、設備など）は90億円ですから、流動資産の比率が高いですね。

アニメ制作会社は自動車メーカーのような重厚な工場や設備はいりません。比較的身軽な業態といえます。

言い換えれば、バランスシートにのらない「資産」があります。

たとえば、製作スタッフは会社の所有物ではないのでバランスシートの資産に計上されません。しかし「人的資産」「人的資本」といわれるように、

第21期決算公告

令和5年6月26日
東京都小金井市梶野町一丁目4番25号
株式会社スタジオジブリ
代表取締役　鈴木　敏夫

貸借対照表の要旨
（令和5年3月31日現在）（単位：百万円）

	科目	金額
資産の部	流動資産	22,125
	固定資産	9,054
	合計	**31,179**
負債及び純資産の部	流動負債	3,014
	株主資本	28,165
	資本金	10
	資本剰余金	2,774
	利益剰余金	25,380
	その他利益剰余金	25,380
	（うち当期純利益）	(3,430)
	合計	**31,179**

重要な価値です。

なにより、「宮崎駿」という価値はバランスシートにのっていないわけですね。

宮崎駿作品でなくとも「ジブリ作品」というブランドで、集客力も見込めるわけですが、**この「ジブリ」という無形資産も基本的にバランスシートにのりません。**

日本の代表的な上場企業でいえば、任天堂と近いところもありそうですね。

日本を代表するコンテンツ企業ですが、任天堂は工場を持っておらず、「マリオ」をはじめとしたブランド、宮本茂さんを筆頭とした優秀なクリエイターが企業価値の源泉となっています。

ちなみに任天堂の企業価値は帳簿上の株主資本の約3倍と高く評価されています。ジブリもＰＢＲを3倍とすれば時価総額は８４３億円。ＰＥＲで見た企業価値に近づきますね。

なお、ジブリに債務はほとんどありません。**コンテンツは人的資本によって生み出されている面が多く、大きな設備や原材料費がかかりません。**この点も任天堂と重なる点がありますね。財務体質の健全性は非常に高いといえます。

財務諸表に表れるデータに比べて、人的資本やブランドの価値を算出するのは簡単ではありません。

たとえば宮崎駿さんが引退すれば、今後のコンテンツ力は大きく弱まる可能性があります。一方で、『風の谷のナウシカ』は映画公開からまもなく40年となりますが、毎年テレビ放送され、累計の放送回数は20回になり、Blu-rayやグッズも息の長い収入があります。世代を超えた支持があり、宮崎駿さんが引退しても、収益の持続性を十分に保てるとの期待もあります。

こうした「ブランド価値」をもとにジブリの企業価値を探るのは本当に難しいですよね。誰もが納得する金額はありませんし、日テレの取得額も究極の正解とは限りません。

あなたならジブリの企業価値はいくらだと考えますか？
どれくらいのPER、PBRだと、株を買いたくなりますか？
少し考えてみるとおもしろいかもしれません。
のちほどまたジブリの企業価値を題材に考えます。

虫の目　妥当な株価を探る3つの指標

ジブリの説明で、PERやPBRという言葉が出ました。ここからこうしたモノサシについて考えていきます。

A社の株価が1000円で取引されていたとします。あなたが「この株は本来1500円くらいの価値があるはずだ」と思うならば買ってよさそうですが、そもそも本来あるべき株価がいくらかは、なかなかわかりませんよね。

ただ、株価が妥当なのか、割高なのか、割安なのかを測るモノサシ（指標）がいくつかあります。代表的なものが「配当利回り」「PER（株価収益率）」「PBR（株価純資産倍率）」です。

計算式は〈3－2〉のような感じです。

株価が分母にあったり、分子にあったりで、ちょっと混乱するかもしれませんね。

妥当な株価を探る計算式

① 配当利回り
　＝1株あたりの配当÷株価（配当総額÷時価総額）

② PER（株価収益率）
　＝株価÷1株あたりの利益（時価総額÷純利益）

③ PBR（株価純資産倍率）
　＝株価÷1株あたりの純資産（時価総額÷純資産）

〈3−2〉

ただ、中身は単純です。株価を①配当、②利益、③第2章で学んだ純資産――と比べているわけです。

これ以外にもたくさんモノサシはありますし、モノサシでは測れない企業の価値もあります。ただ、この3つは多くの投資家が意識しているものです。

私なりに形容詞をつけると「日本人に最も人気の配当利回り」「最も使われるモノサシＰＥＲ」「注目度急上昇のＰＢＲ」です。

では、次項以下で順に見ていきます。基本的な内容や日本株の事例をお伝えするとともに、「配当利回りやＰＥＲくらい知っているよ」という方にもあらためてその意味合いを考えてもらえるよう工夫して書きます。

なお、配当利回り、ＰＥＲ、ＰＢＲはインターネットで株価検索すれば、無料サイトでも出てきます。

虫の目 日本人が好きな配当利回り

3つの指標のなかでも日本の個人投資家に最も人気のあるのが配当利回りです。これを基準に銘柄を選ぶ人もたくさんいます。

たとえば株価が1000円で、年間配当が30円なら、30÷1000＝3％。これが、配当利回りです。

まずはイメージしやすいように表をつくりました。日本を代表する20社の配当利回りです。

日本を代表する20社の予想配当利回り

（%）

トヨタ自動車	2.25
三菱UFJフィナンシャル・グループ	3.24
NTT	2.85
ソニーグループ	0.61
キーエンス	0.48
ファーストリテイリング	0.90
三菱商事	2.93
KDDI	3.01
三井住友フィナンシャルグループ	3.63
ソフトバンクグループ	0.72
東京エレクトロン	1.41
オリエンタルランド	0.21
信越化学工業	1.91
中外製薬	1.63
日立製作所	1.49
伊藤忠商事	2.61
リクルートホールディングス	0.46
三井物産	2.97
ソフトバンク（通信）	4.97
任天堂	2.61

（出所：QUICK FactSet 2023年11月17日時点直近予想配当ベース 株式分割会社は除外）

〈3−3〉

主要企業では2％前後が平均的です。そして、0％台のところもあれば、5％程度のところもあり、幅があります。

配当利回りが2％の株に100万円投資すれば、年2万円の配当がもらえます。実際には2万円に20％程度が課税されるので、手取りは1万6000円程度です。

日本の銀行預金の利息は長らくほぼゼロでしたから、2％ってすごく大きく見えますよね。

日本人は配当利回りが好きだと指摘されますが、それは長年のゼロ金利が影響しているといわれます。あとは株価の上下による損益よりも、配当として受け取れるおカネのほうが実感が大きいなんていう心理的な面もしばしば指摘されますね。

実際、株の雑誌の特集でも配当利回りはよく出てきますし、SNSでは配当利回りに着目した銘柄一覧表もよくみかけます。「高配当株」に特化した投資信託もたくさんあります。

じゃあ、高配当利回りの株を買っておけばいいのか、というとそう単純ではありません。次項で確認します。

虫の目 高配当にはワケがある

ここで少しだけ計算をしてみます。

株価が2000円で、年間配当が100円の株の配当利回りは5％ですね。高配当株です。

では、「この株はオトクだ！」とたくさんの人が思ったらどうなりますか？ 高いおカネを払ってでもこの株を買う人がどんどん出てきますよね。

株価が2500円になって、配当が100円のままだと、利回りはどうなりますか？

100÷2500＝4％です。配当がそのままだとすると、株価が上がると配当利回りは下がります。単純な割り算の話です。

ここで私がいいたいのは、配当利回りが高いのにはそれだけの理由があるということです。**もし、配当利回りが高いのが魅力的で投資家が殺到すれば、株価は上がって、配当利回りは下がるわけです。**配当利回りが高いままというのは、利回りが高いにもかかわらず、あまり買い注文が入らないということでもあるわけです。

株式市場は世界中の投資家が儲けるチャンスを狙って取引しているとお伝えしました。**つまり、誰から見てもオトクな銘柄って、存在しないのです。**

逆もしかりです。配当利回りが0%台の銘柄って、魅力がないように映るかもしれません。

でも本当に魅力がないなら、株に買い手がつかなくなり、株価がどんどん下がり、配当利回りは上がるはずなんですよね。

つまり、配当利回りが0%台のものは、それでもしっかり買い手がつくくらい、配当利回り以外の魅力があるというわけです。

では、どういう銘柄が高配当、低配当なのか、次の項で見てみます。

虫の目 高配当株、低配当株、特徴は？

日本の主要企業100社のうち、配当利回りが高い企業10社と低い企業10社を並べました。

大雑把にいうと高配当利回り株は「成熟企業」が多く、低配当利回り株は成長期待の高い企業が多くなります。

さきほど説明しましたが、配当利回りが高くて、しかも成長期待が高く、配当がさらに増えていきそうならば、その株はもっと買われ、株価が上昇し、配当利回りが下がるはずだからです。

ただ、それはあくまで大雑把な傾向で、実際はさまざまな事情があります。

配当利回りが高い企業・低い企業

高い企業10社

デンソー	5.04%
日本たばこ産業（JT）	4.98%
ソフトバンク（通信）	4.88%
損保ホールディングス	4.66%
武田薬品工業	4.46%
いすゞ自動車	4.45%
日本製鉄	4.36%
MS&ADホールディングス	4.29%
三井住友トラスト・ホールディングス	4.12%

低い企業10社

ルネサスエレクトロニクス	0.00%
オリエンタルランド	0.21%
ネクソン	0.33%
リクルートホールディングス	0.46%
キーエンス	0.48%
レーザーテック	0.59%
ソニーグループ	0.61%
PPIH	0.62%
HOYA	0.65%
バンダイナムコホールディングス	0.66%

（出所：Quick Factset 2023年11月17日時点）

〈3−4〉

高配当と低配当の理由

高配当利回り	低配当利回り
・成熟（or衰退）ステージにいる＝長年にわたっていまの利益や配当を維持しづらい可能性 ・なんらかのショックで、株価が著しく下がった ・配当利回りの計算に使われる今期の配当が一時的に高くなっている（来期は大幅減益の可能性がある）	・低配当利回りでも株を買いたくなる投資家がたくさんいる（成長期待など） ・利益を配当で株主に還元するよりも、有望な事業投資に回して、中長期の企業拡大につなげるほうが合理的だとみなされている ・赤字になるなど業績が厳しく、配当がゼロ（or少ない）＝悪い低配当利回り

〈3−5〉

代表的な理由を〈3－5〉の表にいくつか並べてみました。

このようにいろんな事情があります。

配当利回りが平均的な2％程度であっても、事情はさまざまです。

このため、表面的な配当利回りだけで判断するのではなく、それぞれの銘柄がなぜその配当利回りなのかを個々に見ておく必要があります。

たとえば、過去10年にわたって、配当は安定していたのか、増加傾向だったのか、今後はどうなりそうなのか。そして配当の原資となる利益を稼ぐ力はいまどうなっていて、今後伸びそうなのか——多角的に見る必要があります。

それでも「配当利回り」には威力がある

スーパーでの「値引き品」は、賞味期限が近いといった「ワケあり」なことが多いですよね。ワケもなく人気の商品が値引きされていたら、すぐに売れてしまうはずです。さきほどの項目で説明したように、高配当利回り株も「成長期待が乏しい」といったなんらかのワケがあることが多いといえます。

それでも、「高配当利回り」には、投資家を引きつける威力があります。日本は長らく低金利が続いており、利回りが３％や４％と聞くと、それだけで強い魅力を感じる個人投資家は多くいます。

「高配当利回り株」に特化した投資信託もあります。**つまり、「ワケあり」だとしても、配当利回りがある程度高くなると、「買いたい」という人が現れやすくなる面があります。**

たとえば、ＳＮＳや雑誌では「高配当利回りランキング」などがよく特集されます。そうやって投資家の目にとまりやすくなり、実際に買い注文が入りやすくなることもあります。

虫の目　最も使われるモノサシ、PER

配当利回りは日本人に最も人気だとお話ししましたが、グローバルな観点、あるいは日本のプロの投資家（機関投資家）で、最も使われるモノサシはＰＥＲ（株価収益率）です。

配当利回りは「配当」と「株価」の関係でしたが、ＰＥＲは「利益」と「株価」の関係です。１株あたりの利益が１００円に対して、株価が２０００円になっていれば、２０００÷１００でＰＥＲは20倍となります。

ここでも日本の主要企業20社のＰＥＲを見てみましょう。

日本の主要企業20社のPER

（倍）

トヨタ自動車	10.14
三菱UFJフィナンシャル・グループ	8.39
NTTデータ	20.16
ソニーグループ	18.51
キーエンス	42.36
ファーストリテイリング	37.99
三菱商事	11.09
KDDI	14.5
三井住友フィナンシャルグループ	12.4
ソフトバンクグループ	—
東京エレクトロン	32.97
オリエンタルランド	78.57
信越化学工業	17.15
ホンダ	8.73
日立製作所	14.2
伊藤忠商事	12.24
リクルートホールディングス	25.34
三井物産	8.36
ソフトバンク（通信）	13.92
任天堂	17.07

（出所：Quick Factset 2023年11月17日時点 利益は直近本決算ベース ソフトバンクグループは赤字）

〈3−6〉

10倍台の企業が多いですね。

PERが高いということはいま稼いでいる利益対比で、他の銘柄と比べて、株価が高くなっています。逆にPERが一桁の企業は直近の利益をもとにすると、株価が低迷していることになります。

そしてPERも配当利回り同様、「高ければ割高」などと単純に判断できるものではありません。高いなら高いなりに、低いなら低いなりに、理由があるわけです。

PERの算出に使われる利益は第2章でお伝えした「純利益」です。いろんなコストや税金を差し引いて残る最後の利益ですね。これは株主のものでした。

純利益は来年も再来年も積み重なるはずで、それも株主のものになります。将来得られるであろう純利益を積み重ねたものが株式の価値、つまり株価を判断する土台になるわけです。

とはいえ、来年以降の正確な利益は経営者でもわかりません。ましてや5年後、10年後ともなるともっと不確実です。

そうしたなかでも投資家は、将来のシナリオをあれこれ思い描くわけです。

もし、純利益が今後何年もぐんぐん伸びていくならば、PERはもっと高くてもよさそうですよね。逆に今後利益が頭打ちになり、減益傾向にあるとみなされると、ＰＥＲが10倍を割っていても、なかなか投資家の買い注文は入らないかもしれません。今年だけ特別に利益が急増したときもＰＥＲは低くなる可能性があります。

配当利回り同様、ＰＥＲの数字だけで判断するのではなく、いまのその企業の利益体質や今後の見通しを踏まえ、なぜそのＰＥＲになっているのかを考えることが大切です。

赤字でも「期待」が高ければ株価は巨大になる

この数年でGAFAMと並んで注目を集めたのがEV（電気自動車）のテスラです。

図〈3－7〉で、トヨタの時価総額と並べてみました。2020年に一気に逆転し、一時期はテスラがトヨタの5倍にまで上昇しています。

環境意識が高まるなか、EVへの期待が強まったとともに、イーロン・マスクCEOの型破りな経営や情報発信がイノベーション企業の代表格とみなされたためです。**2020年の段階ではテスラは赤字企業だったにもかかわらず、毎年兆円単位の利益を出すトヨタを抜き去ったのは日本のみならず世界でニュースとなりました。**

第2章で「株価は『現在より未来』を見て決まる」とお伝えしましたが、まさにその好例です。

もちろん5年後、10年後にテスラが苦境に陥っているリスクもあります。しかし、テスラのビジネスモデルや技術力、イーロン・マスク氏の経営手腕への期待から、足元が赤字だったとしても株価は一気に上昇したのです。

ただ、2020～21年は、テスラの実力だけでは説明できないほどの株価の上昇がありました。そして、2022年にはテスラの会社の実態がそれほど変わったわけで

テスラとトヨタの時価総額

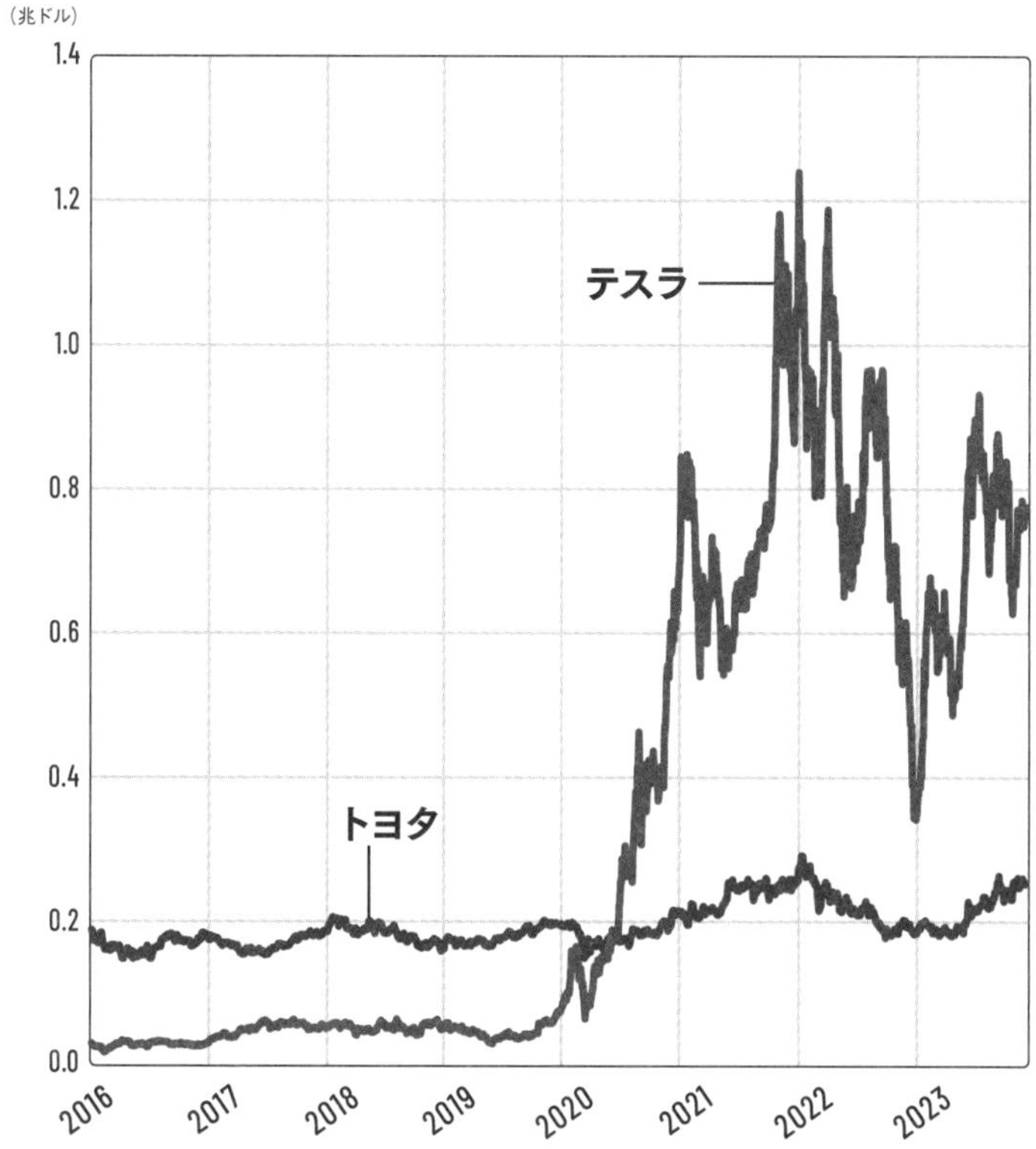

(出所：QUICK FactSet 2016年1月〜2023年12月11日時点)

〈3−7〉

もないのに、株価は大きく下落しました。

その背景には一体なにがあるのでしょうか。複雑ですが、株価を見るときの柱である「企業、マネー、マクロ」のマネーが影響しています。この点は後の「魚の目」のパートで見ていきます。

虫の目

PBR、「帳簿の価値」と「市場における価値」

第2章で学んだバランスシート上の「株主資本（純資産）」と株価（時価総額）を比べるのがPBRです。もう一度、スタジオジブリの事例を出して、イメージを膨らませていきましょう。

ジブリのバランスシートの株主資本（純資産）は281億円です。**これが帳簿上の会社の価値です。**

では、あなたがジブリを買収するとしたら、いくら出しますか？　つまり、「帳簿上の価値が281億円にあたるこの会社の株式を全部買うなら」ということです。

第21期決算公告
令和5年6月26日
東京都小金井市梶野町一丁目4番25号
株式会社スタジオジブリ
代表取締役　鈴木　敏夫
貸借対照表の要旨
（令和5年3月31日現在）（単位：百万円）

科目		金額
資産の部	流動資産	22,125
	固定資産	9,054
	合計	**31,179**
負債及び純資産の部	流動負債	3,014
	株主資本	28,165
	資本金	10
	資本剰余金	2,774
	利益剰余金	25,380
	その他利益剰余金	25,380
	（うち当期純利益）	(3,430)
	合計	**31,179**

ジブリのバランスシートでは流動資産が221億円、固定資産が90億円となっています。「流動資産」は預金、売掛金など、すぐに現金化しやすいものです。「固定資産」は建物や土地、車、機器など、すぐに現金化しづらいものです。

こうした資産も当然価値がありますが、「ジブリ」の価値って、「預金」「建物」といった測りやすいものだけではないですよね。人材やブランド、さらには今後生み出される作品への期待……といったものはバランスシートにありません。

ならば、帳簿上の価値は281億円でも、「500億円出す」、「いや1000億円出す」といった人が現れてもおかしくありません。もし1000億円の値が付いたならば、PBRは1000億÷281億＝3・6倍となります。

PBRとはPrice Book-value Ratio。つまり、実際の価格（Price）と帳簿上の価値（Book-value）の比率（Ratio）です。

別のアニメ会社も想定してみましょう。

ジブリとバランスシートがまったく同じで、帳簿上の価値が281億円の会社です。ただ、この会社は過去にいた優秀なスタッフがどんどん離れ、最近はヒット作も出づらくなっています。将来の期待も薄いとなると、「281億円」でも買いたいと思わないかもしれません。こうなるとPBRは1倍を割り込むわけです。**つまり、同じバランスシートのかたちでも、その会社の実力やブランド、成長期待によって、帳簿上の資本価値に対する評価は変わるわけです。**

虫の目 低PBR企業は「無駄づかい」が多い

ここでは第2章で紹介したレストラン経営を事例に使います。

1店舗目が好調でお客さんが絶えないので、「お店を拡張しよう」となったとします。新たに銀行から300万円借り入れて、バランスシートにすると〈3－8〉の表のような変化です。

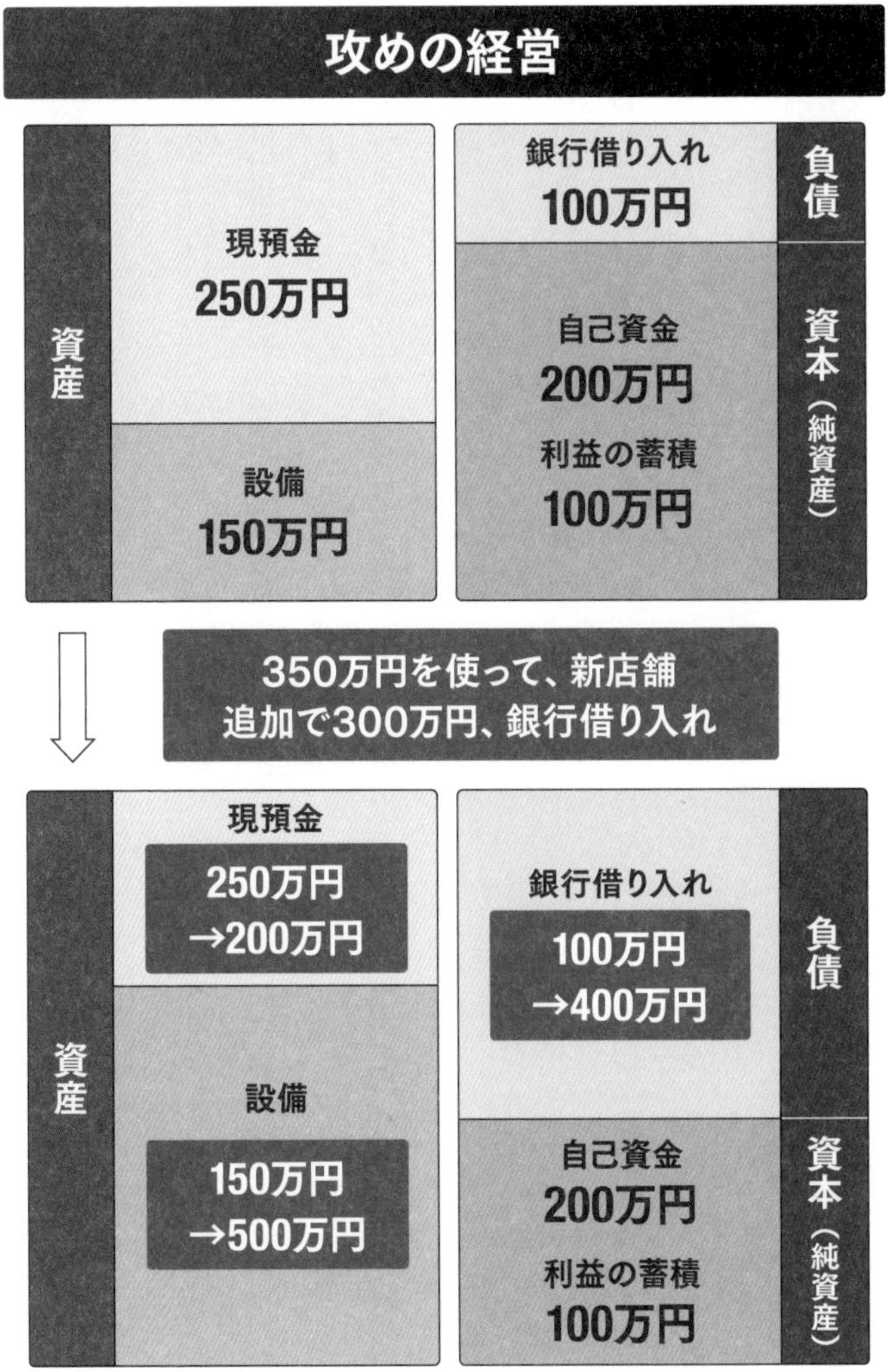
攻めの経営
資産
現預金
250万円
設備
150万円
銀行借り入れ
100万円
負債
自己資金
200万円
利益の蓄積
100万円
資本（純資産）
350万円を使って、新店舗
追加で300万円、銀行借り入れ
資産
現預金
250万円
→200万円
設備
150万円
→500万円
銀行借り入れ
100万円
→400万円
負債
自己資金
200万円
利益の蓄積
100万円
資本（純資産）

〈3−8〉

このとき上下のバランスシートで株主資本（純資産）は計300万円で変化がありませんね。

あなたがこの会社を評価するなら、前と後とどちらが魅力的でしょうか。

2店舗目を出しても、客足が絶えないようであれば、利益はもっと膨らみます。しかし、拡大経営が裏目に出て、客足が遠のき、2店舗目は赤字になる可能性もあります。しかも銀行の利払い負担は増えています。

このように新たな設備投資も、企業の稼ぐ力によって、評価が変わります。前者のようにしっかり利益を生み出す資産を増やしていれば、「資本効率のよい経営」となり、PBRも上がります。

わかりやすい例を出しましょう。

銀行から追加で借りた300万円を、新店舗ではなく、店主の移動用の高級車の購入にあてたとしましょう。社長は快適な移動ができるかもしれませんが、レストランの収益向上にはつながりそうにありません。「資本効率が著しく悪い」となり、PBRはどんどん下がりそうです。

イメージしやすいように、単純でやや極端な例を出しました。

しかし企業経営の本質的な一面でもあります。

会社の経営者は株主から預かった資本をうまく活用し、利益を稼ぎ、企業を成長させていくことが仕事です。使えるおカネは無限ではありません。有望なことにリソースを注ぎ、無駄なものは減らしていく精査と決断が欠かせません。

上場企業であっても、前例踏襲で非効率なプロジェクトや工場を残してしまう場合もあります。企業の健全性を保つことに意識が向きすぎるあまり、過剰に現預金を抱える企業もあります。こうした企業は資本効率の悪い企業とみなされ、ＰＢＲが1倍を割り込むこともあるわけです。

PBR1倍割れ＝「解散せよ」？

株主資本は「解散価値」ともいわれます。企業が事業をやめて、解散したときに株主にいきわたるかもしれない金額のことです。

もう一度、レストランの単純なバランスシートを見てみましょう。

このお店が解散して、設備を帳簿通り150万円で売却すると、もともとあった現金預金と合わせて、300万円になりますね。そして、銀行に100万円返すと、200万円が残ります。この200万円が株主のものとなって返っ

バランスシート（貸借対照表）

〈3-9〉

てきます。帳簿に書いてある株主資本の200万円と一致しますね。

このお店に対する評価が200万円を下回っている、つまりPBRが1倍を割っている状態というのは、「市場が評価する価値（時価総額）」が「解散価値」を下回っている状態です。**少し乱暴ですが、株主から「事業を続けるより、解散してしまったほうがマシだ」といわれているようなものです。**

もちろん表の通り、帳簿上「150万円の資産」、たとえばレストランの調理器具一式を売ろうとしても、額面通り売れるとは限りません。なので、本当に解散して得られるおカネと帳簿上の資本は一致するわけではありません。つまり、PBR1倍割れだからといって、本当に会社を解散していいというわけではありません。あくまで帳簿上の目安です。

とはいえ、「PBR1倍割れ」というのはシンボリックな数字です。そして、日本では大企業でもPBR1倍割れが少なくないのが実情です。その状況を問題視したのが東京証券取引所です。次のコラムでは2023年に話題となった東証の「喝」を確認します。

東証の「PBR1倍割れ」改善要請

東京証券取引所は2023年春、上場企業に対して異例の経営改善要請を出しました。東証のメッセージをコンパクトにまとめるとこんな感じです。

「PBRが1倍を割り込む企業が多く、資本を効率的に収益へ結びつける意識が弱い。売上高や利益だけでなく、資本効率もしっかり現状把握し、改善策の検討や実行を進めてほしい」

資本を託している投資家からどれほどのリターンが期待されており、会社はいかに効率的に資本を活用しているのか、しっかり考えよ——というイメージです。

東証は〈3－10〉のイメージで「現状分析」「計画」「実行」を要請しています。プライム市場・スタンダード市場の全上場企業が対象です。

前のコラムで説明したように「PBR1倍割れ」は、株主から「事業を続けるより、解散してしまったほうがマシだ」といわれているような事態です。

経営者にとっては、当然うれしくない評価です。

証券取引所がこうした要請をするのは異例といえます。ただ、私個人としては前向

東証、上場企業への異例の注文

資本コストや株価を意識した経営の実現に向けて、以下の一連の対応について、継続的な実施をお願いいたします。

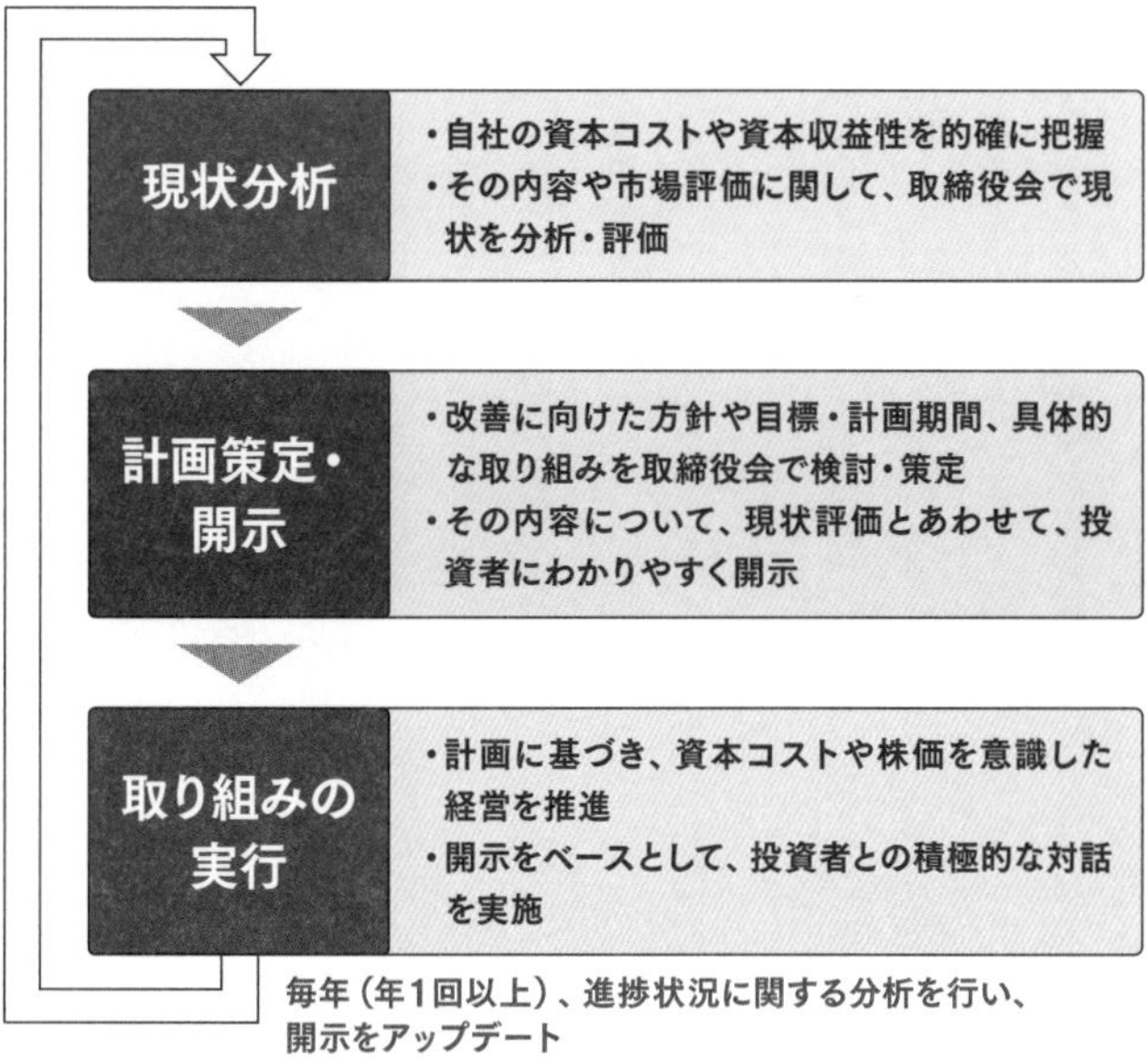
現状分析
・自社の資本コストや資本収益性を的確に把握
・その内容や市場評価に関して、取締役会で現状を分析・評価
計画策定・開示
・改善に向けた方針や目標・計画期間、具体的な取り組みを取締役会で検討・策定
・その内容について、現状評価とあわせて、投資者にわかりやすく開示
取り組みの実行
・計画に基づき、資本コストや株価を意識した経営を推進
・開示をベースとして、投資者との積極的な対話を実施
毎年（年1回以上）、進捗状況に関する分析を行い、開示をアップデート

（出所：株式会社東京証券取引所　上場部「資本コストや株価を意識した経営の実現に向けた対応について」）

〈3−10〉

きに評価できるアクションだと思います。

東証が指摘するように日本企業のPBRやROEは海外と比べ低く、資本効率は高いとは言えません。**また、資本効率について株主と正面から向き合ってきたとは言いがたい面がありました。**

東証がこの要請を出してから、メディアで大きく取り上げられ、「トヨタでも1倍割れ」「〇〇社は0・5倍にも届かない」といった実態が多くの人に知られるきっかけとなりました。

「1倍割れのみっともなさ」がグッと高まったといえるでしょう。

東証は2024年から、具体的に対応している企業の一覧表を公表します。言い換えれば「対応していない企業」も浮かび上がるわけで、実質的に東証から「怠慢」の烙印がおされるといってもいいでしょう。

経営者にとっての課題意識が強まり、社内でも対応策の検討が一気に進む可能性があります。

実際、要請からほどなくして、決算発表時に改善策を公表する企業が増えました。日本は横並び意識も強いため、ライバル社が施策を打ち出すと、ほかの会社ものんびり構えていられなくなるとの見方も増えています。

虫の目

時価総額ランキングは世界の勢力図

第2章で日本企業の時価総額ランキングをご紹介しました。世界の企業をランキングしたのが〈3－11〉の表です。

世界最大のAppleを筆頭にアメリカ企業が目立ちます。上位40社のうち、実に28社がアメリカ企業です。世界の技術革新をリードし、同時に世界から投資マネーを寄せつけていることを象徴しています。トップ企業には、次の項目で触れる巨大テック企業のほか、ビザやウォルマート、ジョンソン・エンド・ジョンソンといった老舗企業も並びます。

アメリカ以外で最も時価総額が大きいのはサウジアラビアの国営石油企業、サウジアラムコです。ルイ・ヴィトンなどで知られるLVMHも近年株価上昇が目立ちます。

日本の首位はトヨタで、27位です。時価総額トップ100にいつも入っているのはトヨタだけです。ソニーやキーエンスなどが100位以内に入ることもありますが、トップ100に入る日本企業はトヨタだけという時期も多く、日本の存在感低下も映しています。

時価総額　世界1－40位

順位	企業名	時価総額（兆ドル）
1	Apple	3.044
2	Microsoft	2.781
3	Saudi Arabian Oil (Saudi Aramco)	2.132
4	Alphabet (Google)	1.699
5	Amazon	1.523
6	NVIDIA	1.173
7	Meta (Facebook)	0.855
8	Tesla	0.775
9	Berkshire Hathaway	0.771
10	Eli Lilly	0.568
11	Visa	0.514
12	UnitedHealth	0.508
13	TSMC	0.471
14	JPMorgan Chase	0.458
15	Broadcom	0.441
16	Novo Nordisk	0.436
17	Walmart	0.406
18	LVMH Moet Hennessy Louis Vuitton	0.400
19	Exxon Mobil	0.399
20	Mastercard	0.387
21	Tencent	0.372
22	Johnson & Johnson	0.372
23	Samsung Electronics	0.368
24	P&G	0.342
25	Home Depot	0.325
26	Oracle	0.311
27	Toyota	0.303
28	Nestle	0.302
29	Kweichow Moutai	0.299
30	ASML	0.282
31	Adobe	0.278
32	Chevron	0.272
33	Costco Wholesale	0.270
34	AbbVie	0.264
35	Merck	0.263
36	L'Oreal	0.255
37	Coca-Cola	0.253
38	Bank of America	0.245
39	Salesforce	0.243
40	International Holdings	0.239

（出所：QUICK FactSet 2023年12月8日時点）

〈3−11〉

虫の目

株価はガチンコの綱引きの結果

第1章で、株式市場は「世界中の英知とマネーが綱引きする舞台」と表現しました。株式市場には実にさまざまな人々が参加しています。少額の個人投資家もいれば、巨額の資金を運用する年金もありますし、ハイスペックなコンピューターを駆使した超高速取引をする業者もいます。そして誰もが、利益を得たいと考えています。

何十年も前からある理論が通用するといった悠長な世界ではありません。常識が覆れば、マネーは瞬時に動きます。**株価にしても為替にしても、示される数値は世界中の投資家が血みどろになりながら、切った張ったを繰り広げた結果です。**

このあと詳しくお伝えしますが、たとえば「景気がよくなったことで株価が下がる」なんてことも起こりえます。戦争が始まって株価が上がることもあります。昨日まで通用していた理屈がまったく通用しない。投資の世界は、予定調和とは無縁の経済ドラマが繰り広げられる場でもあります。

机で学ぶ経済学の理論とは異なり、日々の生々しい出来事をどう解釈し、おカネを動かすか。世界中の投資家がしのぎを削る、荒々しい景色が広がっています。

そう考えると、漠然と「Apple ってすごい企業だから、株価もずっと上がる」といった単純な世界ではありません。絶好調に見える企業であっても、死角が見えたり、予期せぬ環境変化が起こると、したたかに売りに回る投資家もいます。逆に、世の中でまださほど注目度が高まっていなくても、いち早くその企業の強みを見抜き、株を買う投資家もいるわけです。**綺麗ごとでも机上の論でもない、ガチンコの綱引きの結果が株価や時価総額なのです。**その数値は日々、激しく変動し、数カ月もすれば順位ががらりと入れ替わることもあります。

もちろん、それらが企業の価値を正確に映しているとは限りません。それでも、世界の英知の綱引きの結果なわけですから、誰かひとりが感覚的に「A社はすごい」といっているのとはわけが違います。時価総額ランキングやその変化は、世界のビジネス潮流の変化を探る、とても便利なモノサシとなります。

ここまで世界の上位企業をあげましたが、日本でもライバル企業と時価総額で比べるとどうなのか、なぜその差が開いているのか、考えてみるといろんな発見になるでしょう。

虫の目

いろんなモノサシが重要。モノサシ以外も重要

代表的なモノサシとして、「配当利回り」「ＰＥＲ」「ＰＢＲ」を見てきました。これらを組み合わせながら、企業価値を探っていくのはスタンダードなやりかたです。

ただ、モノサシはほかにもたくさんあります。

そして、モノサシだけで測れない価値があることはジブリの事例でもよくわかったと思います。

最近は企業にとって、個人投資家向けにわかりやすく会社の状況を説明することの重要性が高まっています。企業の「ＩＲ（投資家向け広報）」のウェブサイトにいけば、決算説明会の資料も見やすく整理している企業が大半です。

近年は「統合報告書」といって、社会的責任（ＣＳＲ）やガバナンス、知的財産といった非財務情報をまとめた資料も充実しています。

企業トップのメッセージも添えられており、その会社のイメージも膨らませやすくなっ

ています。

みずから一次情報を調べて、個々の企業の課題やライバル企業との差を調べていくことで、モノサシでは測れない企業価値も次第に視野が広がっていきます。

企業の発表資料だけでなく、さまざまなニュースや専門家の分析をあわせることも大切です。そして、次項以降で紹介する、「鳥の目」「魚の目」もあわせることで、企業や経済がより立体的に見えるようになります。

「鳥の目」で見てみよう

「マクロ」とは「大きい」という意味を持ちます。「ミクロ」の対義語ですね。株式市場では個々の企業の動きが「ミクロ」と呼ばれ、景気や物価、金融政策、財政政策など、大きなスケールの話題が「マクロ」と呼ばれます。

なぜ、「マクロ」を見る視点が大事なんでしょうか。全日本空輸（ＡＮＡ）を例にとって見てみましょう。

ＡＮＡの収益は企業の自助努力ももちろん大切ですが、景気全体にも左右されますよね。旅行したい人が増えるのか、企業の出張が活発なのか。海外からの旅行客は海外の景気にも左右されます。円安が進めば、海外からの旅行客は増えやすくなり、逆に日本人の海外旅行は減ったりしますね。

このようにＡＮＡそのもののミクロの話題以外にも、将来の収益、そして株価は左右さ

れるわけです。ある1日、ＡＮＡの事業自体に特段の変化がなくても、為替レートや米国株が大きく動けば、ＡＮＡの株価も左右されるわけです。

円安が進むならば、観光業は潤いそうですし、トヨタのような輸出企業も採算がよくなりそうです。一方で、輸入企業はコストが上がってしまいますね。

このほかにも「風が吹けば桶屋が儲かる」ように、マクロの出来事がいろんな企業に影響していきます。

個別企業をさまざまな角度から精緻に見るのを「虫の目」とするならば、経済・金融・政策など俯瞰的にマクロを見るのは「鳥の目」といえます。どちらも大切な視点です。

鳥の目　大きなおカネはマクロで動く

日本の上場企業は何社あるかご存じですか。**2023年11月末時点で3920社あります。これらの企業をすべて緻密に分析し、そのなかで有望な銘柄を選ぶなんてことは現実的ではありません。**これは個人だけでなく、たくさんの専門家が集まる機関投資家でも難しいことです。

特にグローバルにおカネを動かす投資家であれば、「虫の目」を隅々まで行き渡らせるにはどうしても限界が出てきます。

このため、世界全体の経済情勢や金融政策、為替レートなどを分析して、「これだけの資金を日本の株式に割り振ろう」といった判断をする投資家も世界にはたくさんいます。

もし海外の投資家が日本経済に魅力を感じ、数カ月のうちにドーンと何兆円も日本株を買い越せば、日本の個々の企業の実力がどうであっても、さまざまな企業の株も上がりやすくなるわけです。

実際、この1~2年の日本の株市場ではそういったことが起きています。物価だけでなく、賃金も上昇する傾向が強まっています。外国人観光客の急増や経済対策もあいまって、景気は緩やかながらも拡大を続けています。2024年も賃上げの勢いが続き、消費意欲を伴うカタチでの物価上昇が続けば、日本経済の持続的な成長につながる可能性も期待されています。

こういったマクロでの構造変化の期待から、日本株全体をまとめて買おうという海外投資家も増えてきました。これは個別企業の「虫の目」とはまた違った動きといえます。

鳥の目 「見ておくべき指標」は移り変わる

じゃあ、どういう経済指標を見ればいいいの？　となりそうですが、これはひとくちにはいえません。

中学や高校の教科書では、ＧＤＰ（国内総生産）が大事な指標と説明されることがあります。ＧＤＰはその国が生み出している経済価値を映すものでとても大事です。国際比較もしやすいです。

ただ、金融市場ではあまり注目されません。ＧＤＰは発表されるのが少し遅く、びっくりするような内容が出ることは多くありません。

ＧＤＰよりも景気の変調をいち早く映す経済指標のほうが注目されやすいです。企業や家計へのヒアリング調査は景気の先行指標ともいわれます。また、最近では伝統的な経済統計だけでなく、クレジットカードの利用状況や人の移動など、さまざまなビッグデータをもとにした新しい指標が注目されることもあります。

そして、ここ数年は物価への関心が著しく高まりました。2021年ごろから世界で記録的なインフレが起こり、各国の政府・中央銀行にとっても、きわめて重要な経済の課題となったからです。

このため、各国のCPI（消費者物価指数）は発表されるたびにマーケットを揺らすことがしばしばあります。

また、第4章でも詳しくお伝えしますが、アメリカの経済指標は日本でもとても注目されます。アメリカの景気は世界の景気や金融政策を左右するためです。東京市場では、日本の経済指標よりアメリカの経済指標のほうが注目されるといっても過言ではありません。**なかでもコロナ以降は物価や賃金の状況に注目が高まっています。**アメリカは人員解雇や採用が日本より大きく動きやすく、景気の変化をいち早く映します。同時に、雇用や物価は金融政策運営に大きく影響するからです。

具体的には毎月初めに公表される米雇用統計や毎月中旬に発表される米CPIは世界の投資家が注目し、発表直後に株価が乱高下することもあります。

それぞれの時期によって注目されるポイントは変わります。注目される経済指標も年々移り変わります。このため、「この経済指標さえ押さえておけばOK」というリストはありません。

私のX（Twitter）のアカウント（@goto_finance）では日米の重要な経済指標をスピーディーにわかりやすくお伝えしています。無料でフォローできますので、よければチェックしてみてください。

さはさりとて、定番的に注目される経済指標もあります。世界の金融市場はアメリカを中心にまわっているので、日本の株式市場でも注目されるのはアメリカの経済指標です。次項以降では代表的なアメリカの経済指標を3つお伝えします。

鳥の目 重要な米経済指標①米雇用統計

米雇用統計は世界で最も注目される経済指標といわれます。結果と市場予想との差を巡って、金融市場をしばしば揺らします。しかし、日欧では雇用データはそれほど注目を集めません。なぜ米雇用統計にはこれほど注目が集まるのでしょうか？　大きく4つ理由があると思います。

【理由①】速報性が高い

米雇用統計は、基本的に毎月はじめの金曜に前月分が発表されます。GDPなどと比べ速報性が高く、米景気の現状や変調をいち早く把握できます。

【理由②】雇用は米景気の鏡

アメリカでは景気が悪くなると解雇が急増し、景気が回復すると採用が急増します。日本と比べ、よくも悪くも雇用が流動的なのです。

コロナ禍の2020年4月には2000万人以上もの人が職を失いましたが、2022年6月には雇用者がコロナ前を上回りました。この山と谷の激しさは日本と比較になりません。当然、雇用情勢の波によって、個人消費や企業収益も大きく変動します。これが雇用統計の注目される大きなポイントです。

【理由③】「雇用最大化」はFRBの使命

第4章で詳しく説明しますが、FRBの金融政策は「物価の安定」「雇用の最大化」を目標としています。金融市場や世界経済を左右する米金融政策の判断のカギのひとつとなるのが雇用統計です。

FRBは日本など他国の中央銀行よりも雇用情勢の変化を重視しています。【理由②】で見たように、アメリカはそれだけ雇用の波が大きく、社会の安定という観点からもFRBが重視しているということもいえます。

【理由④】インフレにも直結

ＦＲＢのふたつの使命は「物価の安定」「雇用の最大化」といいましたが、雇用統計は前者の「物価の安定」にも影響します。

人手不足になれば、賃金上昇圧力が強まります。賃金が上がれば消費意欲は強まり、物価は上がりやすくなります。お店からすれば人件費が上がるわけですから、販売価格に転嫁せざるを得ない面も出てきます。このように人手不足は「需要」「供給」の両方の面からインフレにつながりやすいのです。

雇用や賃金の改善は労働者にとって朗報です。ただし、コロナ後は**急激なインフレが社会問題**となりました。**賃金上昇の勢いが強いと、インフレが収まりにくい**ところもあり、評価は少し複雑です。

「注目されるから注目される」という面もあります。米雇用統計は金融市場で月初恒例の一大イベントです。みんなが注目していれば、なおさら注目が集まります。

雇用統計前は様子見気分が強まり、発表直後にはマーケットが乱高下することもしばしばあります。「注目されるから注目される」というのは変な説明ですが、マーケットならではの特性でもあります。

鳥の目

重要な米経済指標②CPI

アメリカのインフレ指標として最も注目されるのがCPI（消費者物価指数）です。

2020年ごろまではさほど話題にならない経済指標だったのですが、いまでは世界で最も注目される経済指標です。

なぜそんなに注目されるようになったのか。〈3－12〉の図を見ればわかりやすいでしょう。第4章で詳しくお伝えしますが、アメリカの中央銀行FRBは物価上昇率が2％程度となることを目標に金融政策を運営しています。

コロナ前の2020年春までは多少の振れがありつつも、ほぼ2％前後だったことがわかると思います。つまり、中央銀行の物価目標がほぼ達成されていて、金融政策もマーケットも落ち着いていたわけです。

ところが2021年から急激にインフレ圧力が強まり、2022年は歴史的なインフレとなりました。サプライチェーンの混乱やコロナ後の経済動向など、過去の経験則では予

記録的なインフレがアメリカを襲った（米CPI）

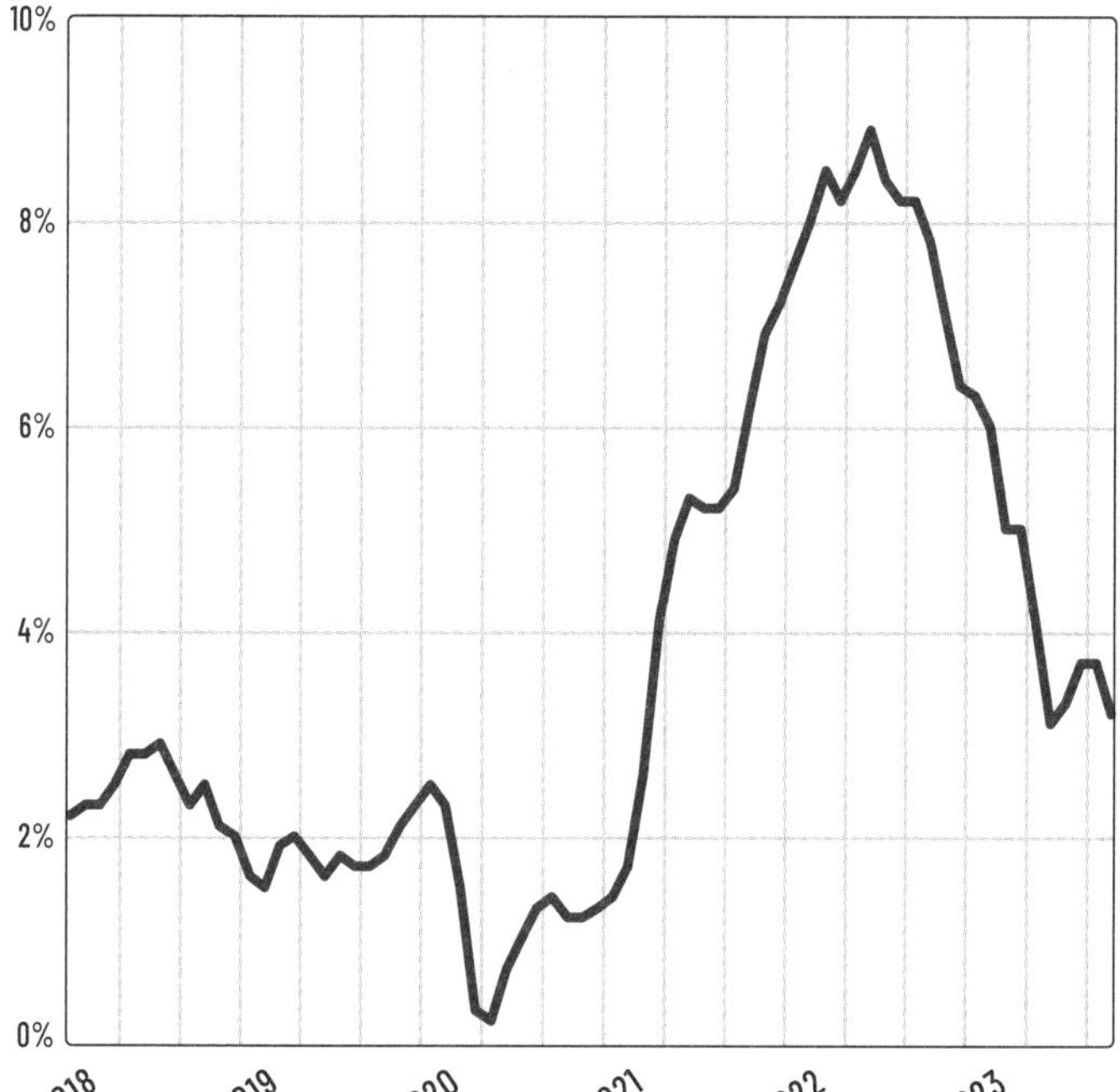

（出所：米労働省 前年同月比）

〈3−12〉

想しづらい要因が重なり、発表結果とエコノミストの予想とが大きく乖離することも相次ぎました。

ＣＰＩはＦＲＢの利上げ見通しを大きく揺らしました。その余波で、長期金利や為替、そして株価も翻弄されたわけです。

そして急激なインフレは国民の不満や不安にもつながります。**バイデン政権にとってもインフレ対策は経済政策上の最優先課題となりました。**財政出動も含め、物価動向は幅広い経済政策を左右し、巡り巡って、景気全体や株式市場にも影響が広がっていくわけです。

ＣＰＩは大きくふたつの項目が注目されます。ひとつはすべての品目の物価動向を指す「総合」です。もうひとつは「総合」から「食品とエネルギー」を除いた「コア」です。エネルギーや食品は変動が大きいため、このふたつを除くほうが物価のトレンドをつかみやすいとされます。

なお、アメリカの物価指数で代表的なものに、ＣＰＩとＰＣＥ（個人消費支出）物価指数があります。市場の注目を集めるのはＣＰＩですが、ＦＲＢが重視しているのはＰＣＥです。どういう違いがあるのか、一目でわかるよう、表にしました。

CPIとPCE物価指数

CPI Consumer Price Index	PCE Personal Consumption Expenditures
翌月中旬に発表＝早い	翌月下旬に発表
都市部の家計調査	全国の小売データ
住宅・食料・ガソリン 影響大	CPIより包括的な指標
PCEより高くなる傾向	FRBが重視

〈3−13〉

市場ではＣＰＩのほうが注目されますが、それはＰＣＥより先に発表されるのが大きな理由です。ＣＰＩを見れば、ＰＣＥの動きも予想しやすくなり、ＰＣＥでサプライズが起こりにくい面もあります。

で、両者の「コア」（除く食品・エネルギー）で図にすると……似た動きをしていますが、ときどきズレますね。

元となるデータがＣＰＩは都市部の家計調査、ＰＣＥは全米の小売データのため、集計品目のウェイトが異なります。指数の算出方式も異なり、ＣＰＩのほうが高い数値が出やすいとされます。そしてＦＲＢが重視するのはＰＣＥです。

都市部の家計調査より、全米の小売データのほうが包括的ですよね。ＦＲＢ自身が四半期に一度示すインフレ見通しもＰＣＥです。

「２％の物価目標」の対象もＰＣＥです。言い換えれば、これが２％程度に安定する道筋が見えれば、金融引き締めは弱めることになります。

CPIとPCEのコア

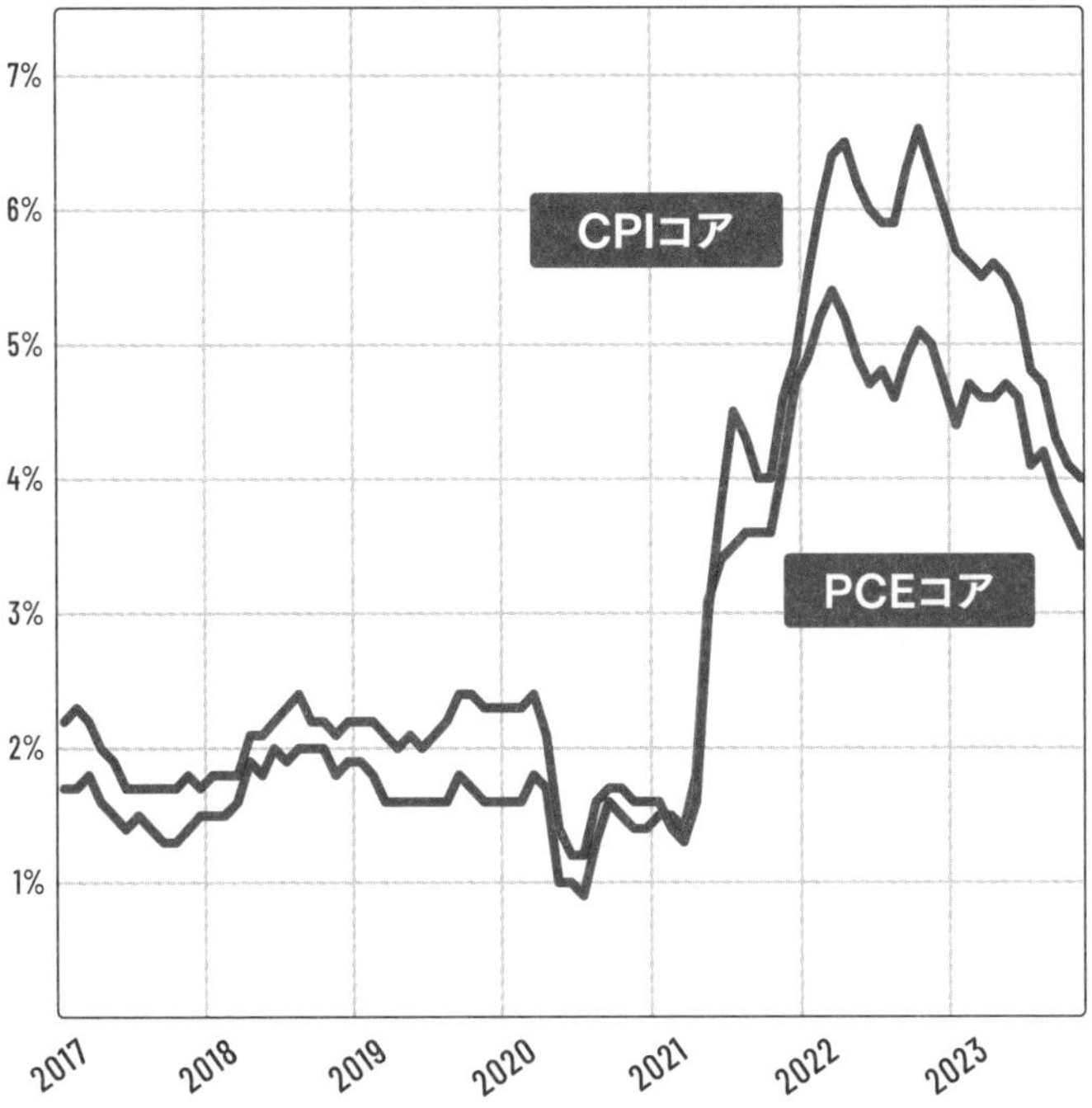

（出所：米労働省、米商務省 2017年1月～2023年11月）

〈3–14〉

鳥の目　重要な米経済指標③ＩＳＭ

「景気の変化をいち早く感じる人は、企業やお店を営んでいる人の肌感覚」といわれればば納得できる方も多いのではないでしょうか。**月に1回定点観測で、主要企業にビジネスの状況を聞き取り、数値化したのがＩＳＭ製造業指数とＩＳＭ非製造業指数です。**

２０２０年春はコロナで激しく落ちましたが、その後は財政出動や金融緩和で一気に回復しました。ＩＳＭはその様子を一目瞭然にビジュアル化してくれます。

そして、２０２１年終盤以降はインフレや利上げの影響で鈍化が続いています。「景気後退懸念」などといわれますが、それもうまく映しています。数ある経済指標のなかでも、景気の風向きを見るうえで優秀な統計といえます。

「物流遅延」「仕入れ価格」といった項目も便利ですね。

「サプライチェーンの混乱」は過去に経験のなかった事態で、これがいつ、どのように改善していくかは、エコノミストも定量的に予測するのが難しい話題でした。しかし、「物流遅延」指数はその様子がよくわかります。

ＩＳＭはこうしたさまざまな指数に加えて、企業のコメントも掲載しています。景気の先行きが読みづらいときはこうしたコメントも非常に参考になります。

なお、ＦＲＢは年に8回、「ベージュブック（地区連銀経済報告）」というレポートをまとめています。地区連銀のスタッフが全米に聞き取り調査したものをさまざまなエピソードを交えて報告しています。

分量が多く、読み込むのは大変ですが、ここでの報告は米金融政策の判断にも影響するのでとても重要です。私の note でもときおり、要点を日本語でまとめてお伝えしています。

市場予想ってなに？

経済指標のニュースで、「市場予想を大きく上回った」などと報じられるのを聞いたことがないでしょうか？

この「市場予想」というのは、民間の金融機関やシンクタンクに所属するエコノミストが行った事前の予想の平均値です。

エコノミストは発表までにあるさまざまなデータや分析に基づいて、「発表される数字はこうなりそうだ」と予測しています。

いわば市場予想通りならば、みんながおおむね描いていた通りに経済が進んでいるということになるので、株価への影響は小さくなります。

市場予想と大きくずれると、「思っていた事態と違う方向に経済が動いていくかもしれない」というシナリオが浮上し、株価や為替が大きく反応することもあります。

2020年以降はコロナショックや異例の経済対策、さらに未体験の物流の混乱などがあり、経済指標の数値が乱高下しました。

そもそも未曽有の事態ですから、精緻に予測することが難しくなり、その結果、経済指標が一大イベントとなる色合いが増したわけです。

アメリカの金融政策を運営するＦＲＢには優秀なエコノミストが集まりますが、それでも２０２１－２０２２年にかけては物価見通しを大きく読み誤りました。

鳥の目

オルタナティブデータで経済予測の精度が高まる可能性がある

ここ数年で、「オルタナティブデータ」という言葉が金融市場でも有名になりました。「オルタナティブ」というのは「代替」といった意味があります。「経済指標」のような伝統的なデータではなく、いままであまり着目されていなかったデータを大量に集計し、そこから新たな発見や予測、さらには投資立案に活用するというものです。

オルタナティブデータはコロナ禍に一気に普及しました。

たとえば、米レストラン予約サービスのOpenTableは、予約件数を日々集計しており、「前年同日比」を全米の州別に公開していました。レストランの利用状況はコロナ禍の外出状況をつかむのに非常に参考になり、きわめて速報性も高く、多くのメディアが報道に活用しました。

そして、このOpenTableの速報値は、コロナ禍では、遅れて発表される米雇用統計の先行指標としても精度が高いことがわかり、エコノミストも経済予測に活用するようになりました。

こうした事例はここ数年でどんどん広がっています。

たとえば、店舗での販売データや交通データなどを大量に集計し、ヒトやモノの動きをとらえようとするのが代表的です。ほかに、SNSでの投稿状況を数値化して分析し、世の中の流行トレンドをつかむといった事例もあります。

さきほどのOpenTableのように、世の中の変化をうまくつかむオルタナティブデータがあれば、経済予測の精度が高まる可能性もあり、ヘッジファンドなどプロの投資家からの利用ニーズも高まっています。

「虫の目」から「鳥の目」に。ささいなニュースを俯瞰でとらえる

あるニュースから、少し考えてみたいと思います。

2023年10月、『日本経済新聞』が「サントリーホールディングスは2024年に、ベースアップを含め、7%程度の賃上げを実施する方針を固めた」と伝えました。前の年と同等の高い賃上げになるというニュースです。

こういう記事を見たときになにを感じたでしょうか。「サントリーってすごいなあ」「うちはそんなに上がらないだろうな……」というのがよくある反応かもしれません。

しかし、経済はいろんなところでつながっています。**ひとつのニュースをきっかけにいろいろと連想していくことは経済のメカニズムを知り、楽しむうえで大切です。**

サントリーはたしかにブランド力も収益力も高い企業です。サントリーが賃上げするといっても、個別企業だけの動きかもしれません。

ただ、記事で新浪剛史社長が「社員が物価高で悩んでいる中、早め早めに賃上げの意思

を社員に伝える予見性が重要だ。インフレは一時的ではなく、2～3％は恒常的に上がっていく可能性があるという認識で賃上げを考えていかなくてはいけない」と話しています。サントリーは、それほどの危機感を持って、従業員確保に動いているといえます。

新浪社長は経済同友会のトップでもあり、経済界で影響力の大きいリーダーです。今回の方針が『日本経済新聞』でも大きく報じられ、多くの経営者の耳に届くはずです。

他の企業も「しっかり賃上げしないと採用で負ける」という意識が広がる可能性がありえます。他の企業の労使間の交渉の材料となる可能性もあるでしょう。

賃上げが強まれば、個人消費も下支えします。物価と賃金が両立して上昇すれば、日銀の金融政策運営にも影響しそうです。このようにサントリーの個別ニュースであっても、いろんなところに論点が広がっていくわけです。

もっといえば、知人との雑談にも経済ニュースが潜んでいるかもしれません。「レストランの人手不足がひどかった」「投資にまったく興味のない友人が新NISAの話をしていた」といった些細な話も、世のトレンドを映しているかもしれません。これまで注目されていなかったような話題やデータにもアンテナを伸ばすことが大切になっています。

魚の目　株価は需給で決まる

そして、「魚の目」ともいえるのが3つめの「需給」です。

ここで唐突ですが、**温泉旅館の宿泊料**の話をしましょう。

ゴールデンウィークやお盆休みは宿泊料がものすごく上がりますね。連休中に料理の質や部屋のグレードが上がるわけでもないのに、普通の日の2倍以上になることもあります。

これは需要がすごく増えるからですね。

2023年は外国人観光客の訪問が増え、宿泊料はびっくりするほど高騰することもあります。逆にコロナの規制が厳しかったころは、格安でも予約が埋まらない旅館が相次ぎました。

株価もこれと似たようなところがあります。

旅館の例のように、**会社の実体はほとんど変わっていなくても、買いたいという人が多いかどうかで、株価は大きく動くのです。**

NISAの拡充で、もし「私も運用を始めようか」と思う人がものすごく増えれば、株の買い注文が増え、企業の実力にかかわらず株価が上昇する可能性があります。逆に、アメリカでなんらかのショックが起こり、外国人投資家があわてて日本株を売ると株価は下がります。

モノの値段も株価も、需要と供給、つまり需給のバランスによって決まります。こうした需給の変化は、NISAのような制度要因で説明できることもありますし、世の中の空気感で探ることもあります。

「虫の目」「鳥の目」「魚の目」と分類しましたが、それぞれ密接に絡んでいます。東証の資本効率改善要請は、政策的な意味合いもあるので、「鳥の目＝マクロ」ともいえますが、個別企業が対応を進めている点で「虫の目＝ミクロ」でもあります。そうした話題が多くの人から注目され株を買う動きが強まれば、「魚の目＝需給」となります。

さまざまなニュースやデータはいろんなところでつながります。一つひとつの出来事として片づけるのではなく、「虫の目」「鳥の目」「魚の目」を組み合わせて、世の中の動きに思いめぐらすことで、株価の動きが立体的に見えてきます。

魚の目　買いたい人が多いって？

旅館の例のように、**会社の実体はほとんど変わっていなくても、買いたいという人が多いかどうかで、株価は大きく動くのです。**

では「買いたい人が多いか」というのは株式市場でなにを意味するのでしょうか。大きくわけると、**「マネーの総量」**と**「センチメント（心理）」**のふたつが大事だと思います。

「マネーの総量」というのは、温泉旅館の例でいうとお客さんの数です。外国人観光客がどっと増えると、国内客に変化がなくても、予約は埋まりやすくなり、宿泊料も上がりますよね。市場全体、経済全体にあるマネーの量が増えれば、株価は上がりやすくなりますし、逆もしかりです。

そして、「センチメント（心理）」。たとえば、バブルのように世の中全体が楽観の極みに達していれば、無理をしてでも株を買おうとする人が増えます。逆にコロナが直撃したときのように得体のしれない不安に襲われたときはセンチメントが凍り付き、株式を投げ売りする人が増えます。

こうした「企業の実体」とは直接関係のないところで株価はときに乱高下します。このため、投資した企業だけをしっかり見ていればいいというわけにはいきません。

では、次の項で「マネーの総量」についてもう少し詳しく見ていきましょう。

魚の目

全体のマネーの総量が多くなれば、投資市場に向かう

マネーという言葉はいろんな使われ方があります。「世界のマネーの総量はいくら?」といわれてもさまざまな指標があり、ひとつの正解があるわけではありません。**そのなかでも「マネーストック」は比較的よく活用される指標です。**ひらたくいうと、その国全体にある現金や預金を足し合わせたもので、民間に流通しているおカネの総量に近いとされます。

株式市場への影響という観点では、このマネーの総量は投資に向かう原資ともいえます。総量が多ければ、その分、新たに株式市場に流れ込むマネーも多くなるはずです。〈3-15、16〉の図は日米のマネーストックです。基本的には右肩上がりで増えていく期間が多くなっています。

マネーの総量は政府の財政出動や銀行の融資のほか、さまざまな経済活動によって左右されます。そのメカニズムの詳細を説明するには紙幅が足りないので割愛します。

ただ、ひとつ注目してほしいのが2020年以降のアメリカのマネーストックの動きです。2020年3月から急激にマネー量が増えています。

これにはいくつか理由があります。

ひとつは政府がコロナの経済対策で国民に大型現金給付をするなど、財政出動を一気に進めたためです。政府から民間におカネが配られると、民間のおカネの量は増えますよね。**当時、若者が手にしたおカネの一部は米国株取引に向かったといわれています。**

もうひとつの大きな理由が、アメリカの中央銀行FRBによる大規模な金融緩和です。金融政策については第4章で詳しく触れますが、コロナショックから経済と金融を支えるため、FRBは金利を一気にゼロ％に下げ、さらに大量に国債を買うことで世の中に資金を供給しました。銀行が民間企業へ貸出ししやすくなり、おカネの巡りが活発化し、マネーの増加につながりました。

もちろんこうして増えたおカネがごっそり株式市場へ向かうわけはありません。おカネの使われ方はさまざまですし、その動きはとても複雑です。

ただ、これだけマネーが急激に膨らめば、株式市場におカネは流れやすくなり、株価の上昇要因になりやすいわけです。

しかし、2022年には政府のコロナ対策は一巡し、金融緩和も一気に収束へ向かいました。この結果、急激に増えていたマネーの総量は一転して減少に転じ、株式市場には逆風となりました。

そうはいっても、ひとつ気をつけておくべきは、増える勢いは鈍ったものの、残高で見ればコロナ前よりはるかに大きな金額になっている点です。株式投資に向かいうる原資はそれだけ手厚いともいえます。

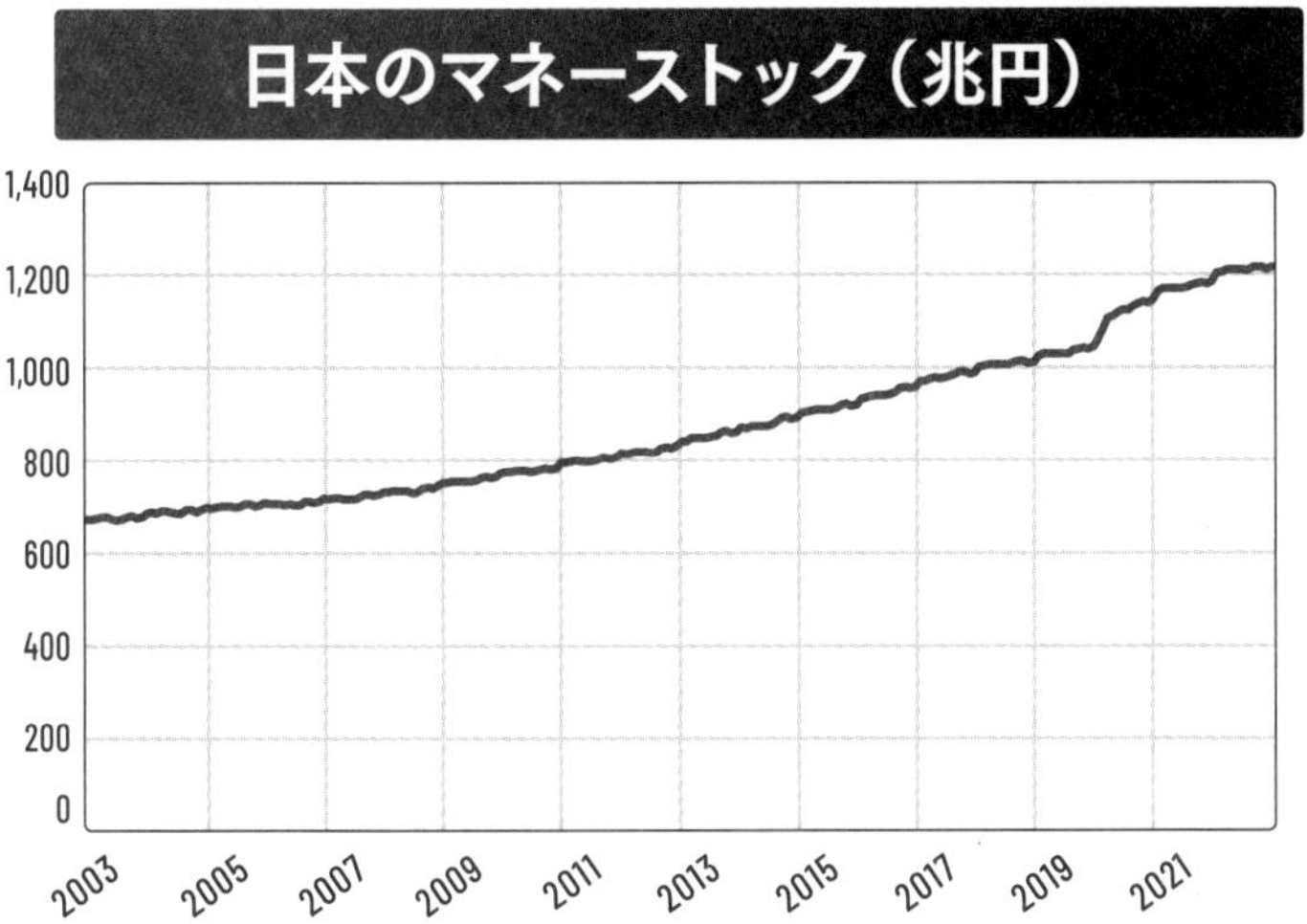

〈3−15〉

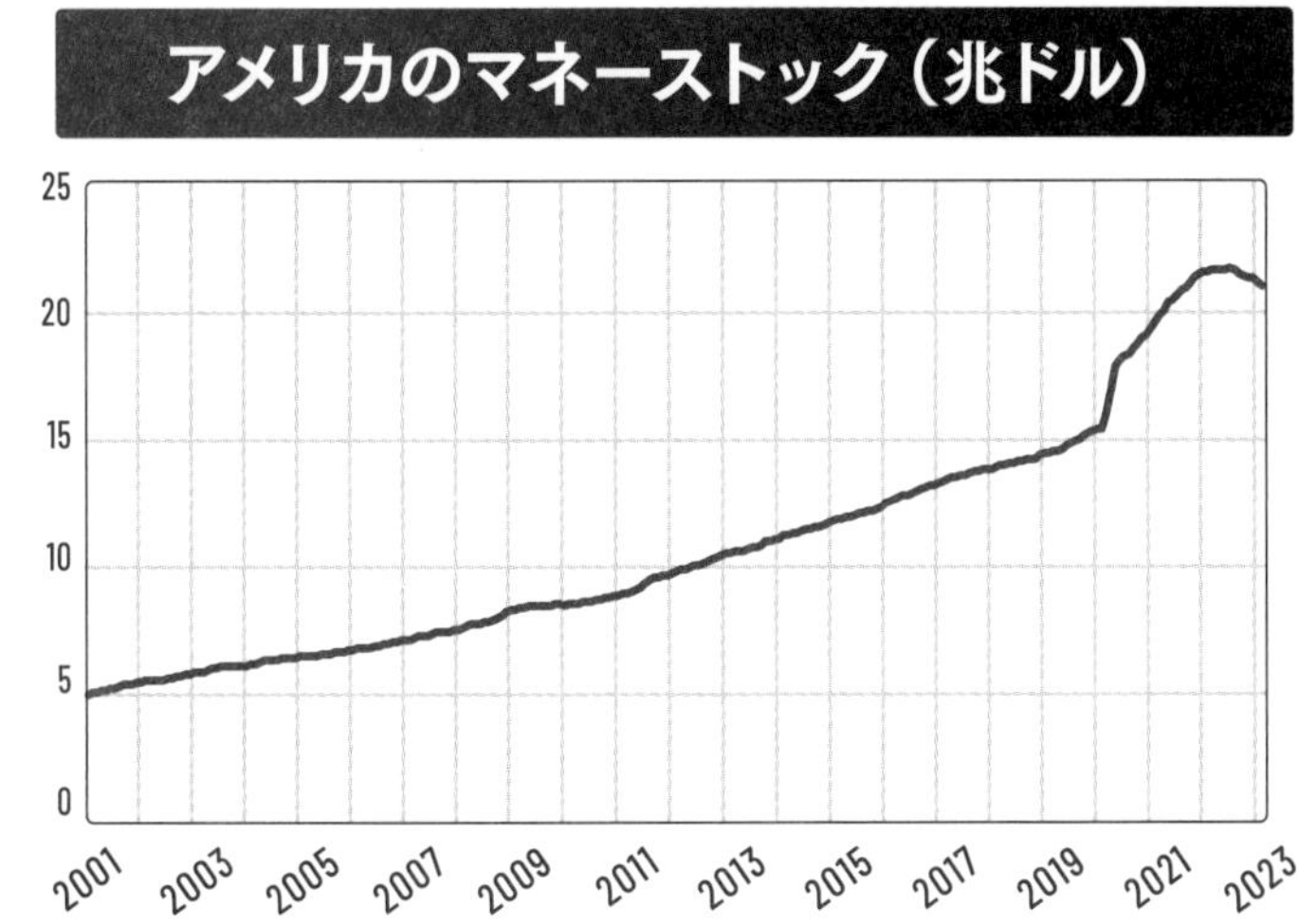

〈3−16〉

（出所：日本銀行、FRB）

魚の目 センチメントが市場を左右する

株式投資に向かいうる原資がたくさんあったとしても、実際に株式投資をするかどうかは投資家が決めることです。**株式に投資してもよい、投資したい、というセンチメントは株価を左右する大きな要因です。**

たとえば、「バブル」は多くの人が極端に強気な方向に傾いている状況です。ときには、企業や経済の実力がそこまで高くはないにもかかわらず、過剰に期待が高まることがあります。そうすると、株価はどんどん上がります。そうやって株高が止まらないと、「私も買わないと乗り遅れる」「ちょっと高すぎる気もするけど、まだ上がりそうだから、少し買ってみようか」、そんな思いを抱く人も出てくるでしょう。そうして買いが買いを呼ぶことがあります。

逆にバブルが弾け、市場全体に総悲観が覆うこともあります。景気にも企業業績にも山谷があります。

しかし、経済の現状や将来を投資家が精緻に見抜くことはできません。思い込みや期待などさまざまな思いが混じり、センチメントは経済の実体とは少し離れたところで、波が激しくなることがあります。

バブルや総悲観はやや極端な例ですが、どんなときでもセンチメントは揺れ動いています。景気回復局面にあるなかでも、「今後も力強く回復しそうだ」「不安の芽も出てきた」などいろんな見方が成立します。短ければ数日のうちにセンチメントがガラッと変わることもあります。

こうした移ろいやすいセンチメントが日々の株価変動の主因でもあります。

実際の企業の実力は1日で大きく変わることはありません。しかし、株価は毎日のように上下し、ときに1日で数%動くことも珍しくありません。

魚の目

「強気相場は悲観のなかで生まれる」

ジョン・テンプルトンという20世紀の著名な投資家の格言があります。

Bull markets are born on pessimism, grown on skepticism, mature on optimism, and die on euphoria.

強気相場は悲観のなかで生まれ、懐疑のなかで成長し、楽観のなかで成熟し、陶酔のなかで消えていく。

ベテラン投資家でもこの言葉を好きな人は多く、私も節目節目でこの言葉の重みを感じています。**4つのステージ（①悲観、②懐疑、③楽観、④陶酔）**にわけて、コロナ後の相場を振り返るとよくあてはまると思います。

コロナ感染が急増した2020年3月、株価は歴史的な急落を記録しました。未曽有の

S&P500とVIX

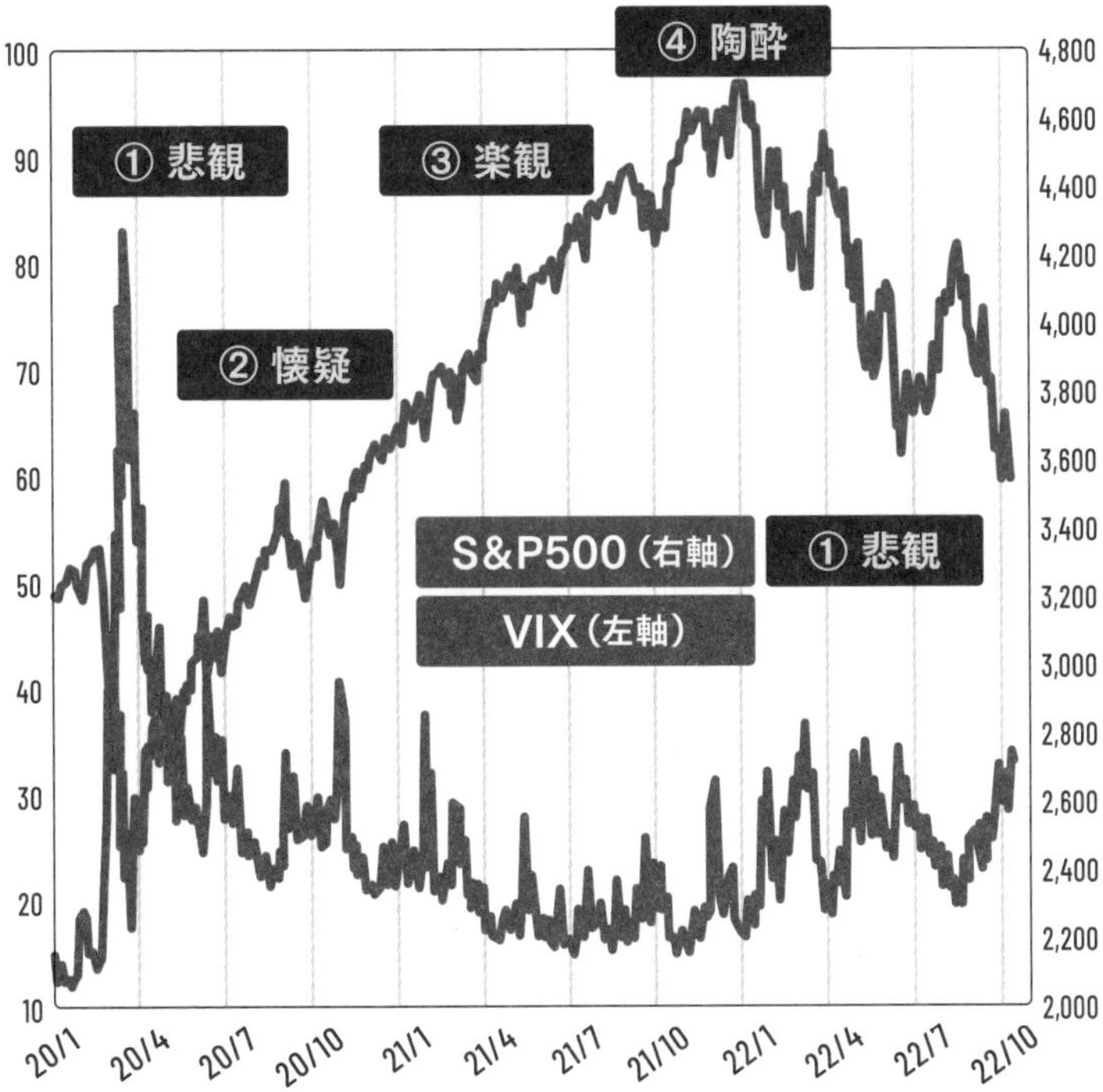

（出所：QUICK FactSet）
※VIXについては次項で詳しく解説します。

〈3−17〉

ウイルスと経済封鎖で、投資家も国民もパニック状態で、とても株を持っていられる状況ではありませんでした。みるみるうちに株価が急落すると、あわてて売りに追随する投資家もドミノ倒しのように現れたのです。

しかし、いま振り返ればその時が株価の底でした。

もちろんコロナは経済にも社会にも国民の人生にも大きな影響を与えました。ただ、世の中が追加でさらに悪くならない限り、株価は下がりにくくなってきます。逆に、悪い状況であっても、「これまで心配していたよりは少しマシになりそうだ」と方向感が変われば、株価は一転して上昇に向かいます。

現に、2020年は強力な経済対策や金融緩和があり、春以降は株価が大きく回復し、夏場にはコロナ前の水準をも上回りました。

これは、「強気相場は悲観のなかで生まれる」の好例です。悲観が世界中に広がっているときは株式の買い手がほとんどいなくなります。しかしいずれは買い手が現れ始め、株価も上昇します。株価が底をつけるのは悲観が極まったときという少し皮肉な構図が生まれるわけです。悲観一色で株価が急落し、株価が底をつけることは「セリング・クライマックス」とも呼ばれます。そして、悲観のあとに「大丈夫なのではないか」という懐疑が生まれたのもわかるでしょう。「強気相場は楽観のなかで成熟し、陶酔のなかで消えていく」という言葉も言い得て妙です。

2021年の米国株は連日のように史上最高値を塗り替えました。経済対策、FRBの金融緩和、経済再開への期待、GAFAMのイノベーションも折り重なっていました。

しかし、センチメントは振り子のように行き過ぎ、反動が起こりやすいものです。インフレが収まらないという環境変化を起点に金融緩和の継続が難しくなると、また今度は逆回転のように不安が強まりました。こうやって、「陶酔のなかで消えていく」ように2022年初めから株価は大きく下がりました。

そして悲観論が極まった2023年初頭に株価が再び底入れし、上昇に向かいました。こうした相場の局面は振り返ってみないとわからないことがほとんどです。悲観が極まりつつあるなら、株を買えばよさそうですが、悲観が長引くこともあります。

いずれにせよ、株式市場では「みんな買っているから、私も買い」「悲観論ばかりだから、あわてて売らないと」とまわりに流されるのはよくありません。長期のスタンスで、楽観・悲観の動きも一歩ひいて観察しながら向き合うのがいいように個人的に思っています。

魚の目

恐怖のバロメーター「VIX」

投資家の恐怖感や陶酔感といったセンチメントを測るのに最も活用されるのがVIXです。「恐怖指数」とも呼ばれます。さきほどの〈3－17〉の図です。

これはS&P500が今後1か月間でどれくらい大きく動きそうかという投資家の予想を数値化したものです。VIXの細かな算出法の解説は省きますが、「オプション」という株価の乱高下に備える保険のような金融商品があり、その取引状況から「恐怖感」が測れるわけです。

たとえば、「株価が近いうちに急落しそう」と考える人が増えるとVIXは上がり、「株価が上がりそう」と考える人が増えるとVIXは下がります。とはいえ、「株価急騰」より「株価急落」のほうが起きやすいものです。**このため、VIX上昇は「株安警戒アップ」となることが多く、「恐怖指数」と呼ばれています。**

過去数年では、VIXが20を下回っていると、楽観ムードが優勢で、株高が起こりやすくなります。逆に30を上回ると、警戒心が強まっており、株価は下がりやすくなります。

ではVIXが20以下のときに株を買えばいいのかというと、それほど単純ではありません。

20以下が続いているときは株高局面になりやすいのですが、同時に過度の楽観で株価が過熱することもあります。社会生活でも、調子に乗りすぎて、注意をおこたったり、リスクを取りすぎたりすると、痛い目にあうこともありますよね。

実際、20以下が長続きすると、過度に株に強気になる人が増えてきて、あとで反動が起こりやすいこともあります。

2021年には金融緩和や米財政出動で楽観論がかなり強まり、株価は連日のように高値を更新し、VIXはずっと20を下回っていました。しかし、2022年はインフレや利上げにより、情勢が反転。2021年の強気の反動で株価が大きく下がりました。

楽観ムードに乗るべきときもあれば、反面過度な楽観には気をつけなくてはいけないという難しさを映しています。

魚の目

投資家にはいろいろなタイプがいる

マーケットには実に多様な投資家が参加しています。

個人が少額で参加することもできますし、何百兆円もの資金を動かすファンドもあります。

個人でない投資家は機関投資家といわれますが、機関投資家もまた多様です。年金や投資信託、政府系ファンド、ヘッジファンド、金融機関、事業会社……などいろいろあり、年金や投資信託もそれぞれ投資戦略はずいぶん異なります。

そして、個人投資家も本当にさまざまです。

デイトレードといわれるように、1日のうちのとても短い時間帯の値動きの差を収益のチャンスととらえて、売買を繰り返す人もいます。ほかには、スイングトレードとも呼ばれる、数日間ほどの相場の流れを読んで売買する人もいます。数週間や数カ月程度で投資先を調整する人もいれば、一度買ったら何十年も持ち続ける人もいます。

人によって、年齢も違いますし、資産規模も異なります。家族構成によっては将来かかるおカネも変わります。

「短期間で資産をグンと増やしたい」という人もいれば、「何十年先の老後も安定して暮らせるよう資産を増やしておきたい」という人もいます。

そこからいえる大事なことは、市場もずっと一方向には偏らないということです。

たとえば、なにかショックが起きて、短期的に儲けようとしていた人が大あわてで株を売ったとします。そうすると、別の人も不安になって株を売るかもしれません。

しかし、何十年というスパンで投資をしようとしている人はあわてて売らないかもしれません。むしろ、長期的には株価が下がったなら買い場と思って買ってくることも考えられます。

株高時も株安時も、オーバーシュートのように行き過ぎることがあるのですが、いずれは「これは行き過ぎだろう」と考えて、相場の流れの逆張りで取引する人が増えてきて、実際に相場のトレンドが変わることがあります。

さきほどの項目で、過度の楽観や悲観に気をつけなければならないと話したのは、こうした背景があります。

魚の目 日本株のメインプレーヤー「外国人投資家」

2023年の春以降、日本株市場で「外国人投資家」という言葉をよく聞くようになりました。日本株を数カ月のうちに数兆円規模で買い越し、日本株急上昇の立役者となったからです。

背景には、

①東証の資本効率改善要請
②日銀の金融緩和継続
③日本国内の賃金・景気の回復期待
④2024年からのNISA拡充による個人投資家の流入増

などがあげられています。

では、実際のところ、日本株は誰が持っているのか。投資家をざっくりとグループわけすると、〈3－18〉の表のような感じです。

日本株　誰が保有？

	保有額	シェア
外国人等	216兆円	31%
事業法人等	167兆円	20%
個人等	153兆円	18%
投資信託（含む日銀ETF）	91兆円	11%
年金	88兆円	10%
その他（保険・銀行…）	83兆円	10%

（出所：日本銀行 2023年6月末）

〈3−18〉

外国人が30％強。個人よりもずっと多く持っています。日本企業が株主に支払う配当も、約3割は海外投資家に向かっていることになります。

そして、過去約20年の外国人の日本株の買い越し、売り越し状況が〈3－19〉の図です。ちなみに、買い越しとは、一定期間内に買った金額または量が、売った金額または量より多いことで、売り越しとはその逆です。

図を見ると、この20年で結構買い越しています。特に伸びが目立つのは２００３～05年あたりと、２０１３～14年あたりのふたつの時期です。

２００３年は春まで日経平均が７６０７円まで下落する弱い相場でした。しかし、その後、りそな銀行の救済などを起点に「悲観→楽観」へとムードが一変。２００５年には小泉政権による郵政解散があり、構造改革期待で海外からの日本株買いが増えました。

２０１３年はアベノミクス相場です。２００３年のときと同様、日本株はそれまで低迷していました。その反動もあって、大量の海外マネーが流入し、株価も急上昇しました。日経平均のグラフを重ねると、外国人が相場を押し上げたことがわかると思います。

外国人投資家と日本株

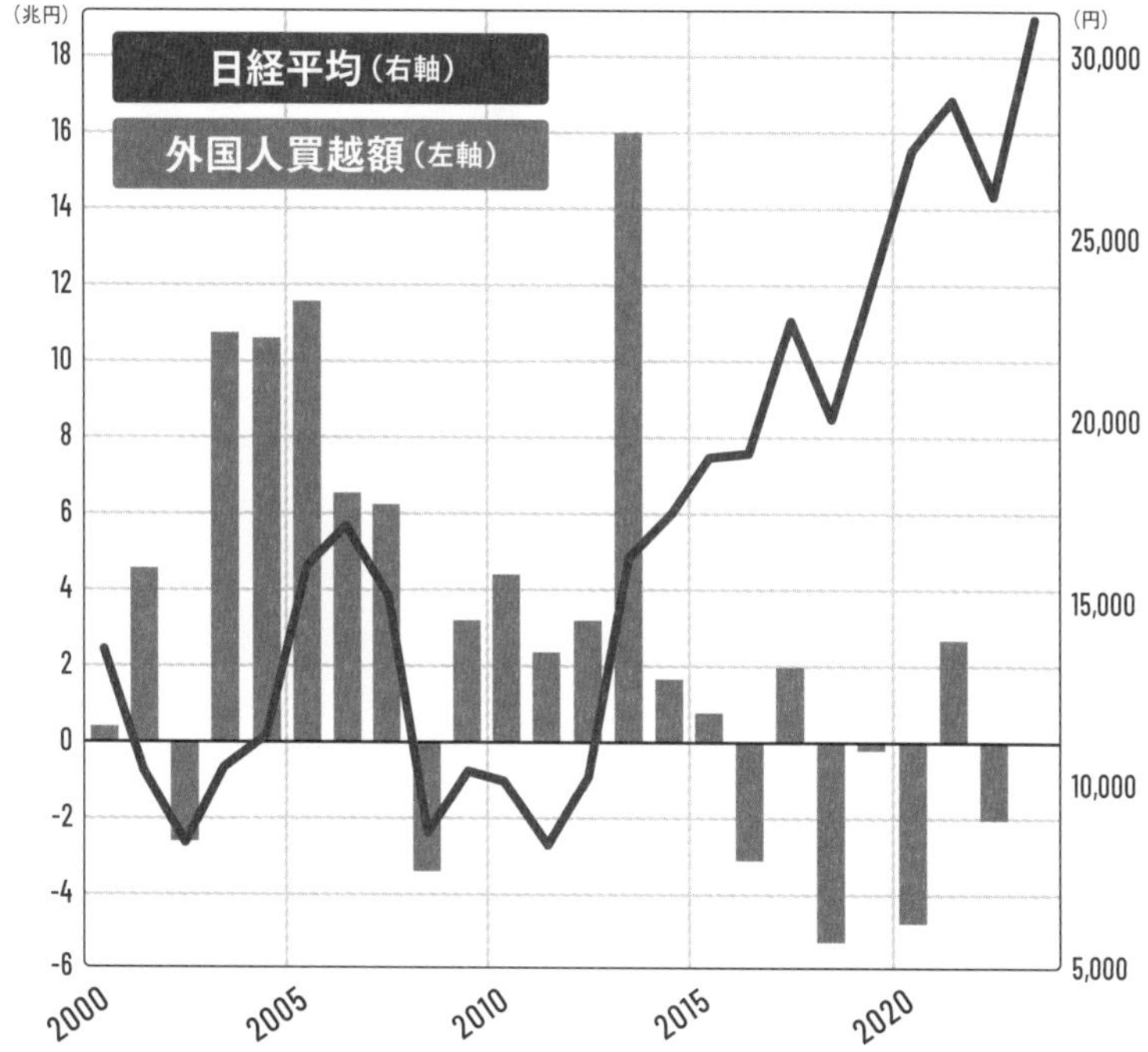

（出所：日本銀行）

〈3−19〉

2015年以降は日銀が主たる買い手となってきます。そのため、外国人の存在が色あせたようにも見えます。しかし、日銀は2021年以降、あまり株を買わなくなり、圧倒的な買い手が不在となったのです。そうしたなか、2023年春に外国人投資家が強い買い手となって浮上してきました。

この流れが続くのかはわかりません。ただ、外国人投資家は世界で大量のマネーを運用する中で、その一部を日本株に振り向けています。日本のなかで「株価は少し高すぎるんじゃないか」と思う人が増えても、そうした流れとは違う勢いでおカネが流れ込み、株価が持続的に上がることもあります。

逆もしかりで、海外マネーが抜け出し始めると、株価は長く低迷することもあります。**外国人は日本株の売買代金の約7割を占めており、彼らの動きは相場のトレンドを大きく変える**ことがしばしばあります。

魚の目 個人マネーにも要注意 新NISAの威力

日本人の個人の金融資産って、全部足すと、約2040兆円あります。〈3－20〉の図が内訳です。

半分強が現金・預金なんですね。

上場株・投資信託は過去20年で増えましたが、まだ全体の10％強です。

アメリカは「現金預金」と「株・投信」の比率がほぼ逆になっています。アメリカがいいというつもりはありませんが、**日本はかなり「預金好き」な国です。**

個人の金融資産

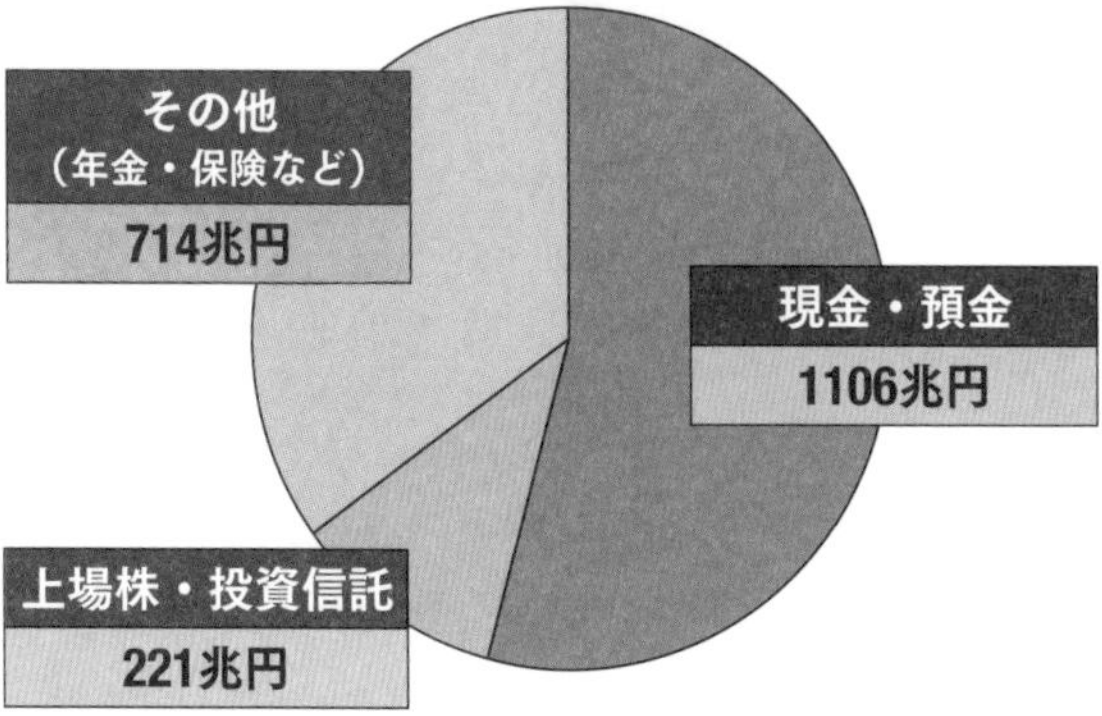

（出所：日本銀行 2023年3月末時点）

〈3－20〉

個人　株・投信の売買

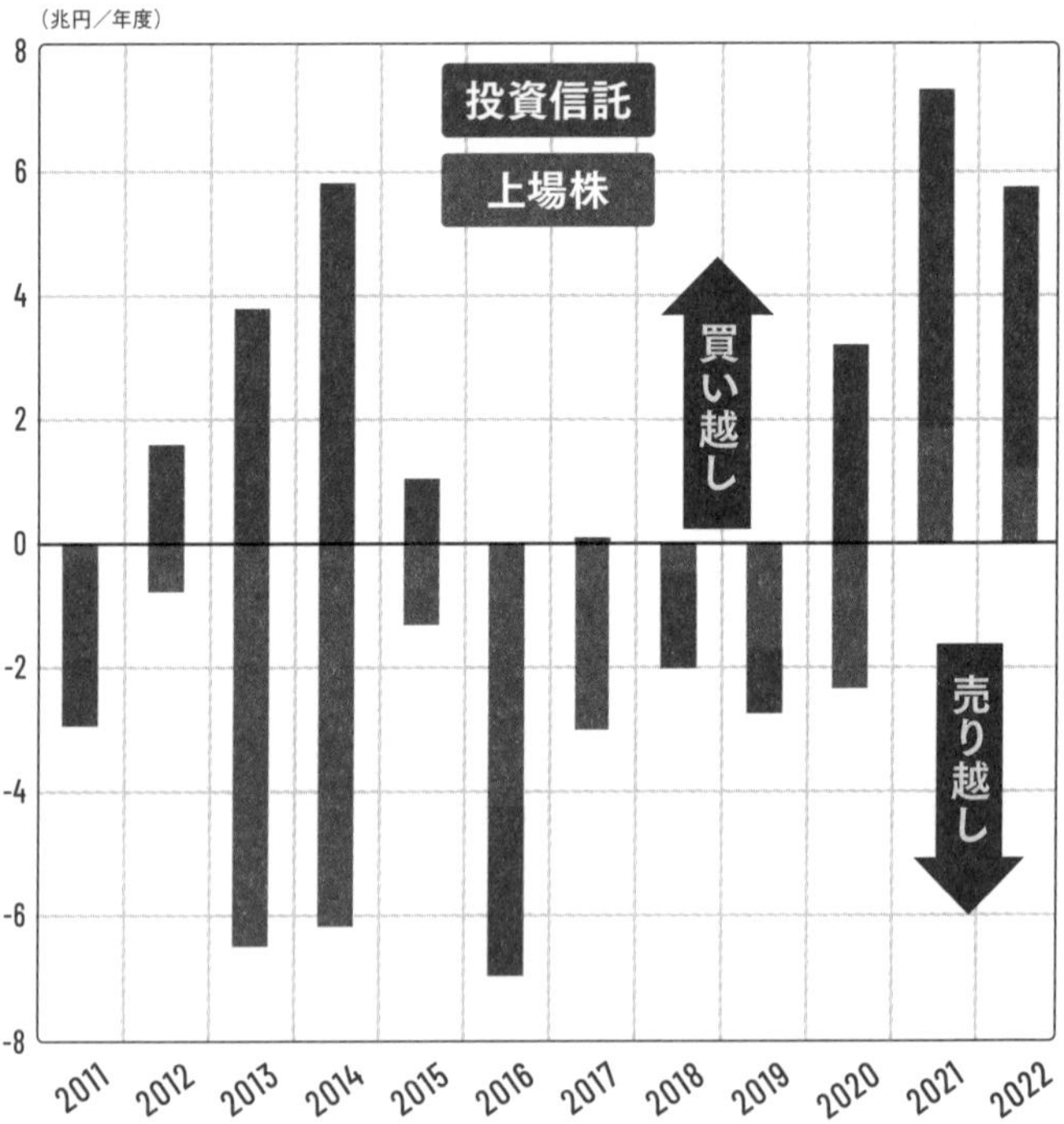

（出所：日本銀行）

〈3−21〉

では個人はこれまで、どれくらい株や投信を買ったのか見てみましょう。〈3－21〉の図は、年度で「買った額」から「売った額」を引いた集計です。棒グラフが上なら、買い越しですね。

ここ数年、青の投信が結構上に出ています。NISAやiDeCoの普及で、積み立てで投信を買う人が増えたとみられます。

日本株は2020年度まで売り越しが続いていました。個人は株が上昇すると、利益確定売りを出す傾向が強いとされてきました。それでも2021～22年度は買い越しに転じています。

投信&株で、じわりと投資機運は高まってきたといえます。

これが新**NISAによって、新たに投資を始める人が増えれば、個人マネーの株・投信への資金流入が一段と盛り上がる可能性**があります。**現金・預金は1106兆円もあります。このうち1%、株や投信に流れれば、11兆円もの資金フローになります。**

11兆円というのは非常に大きな規模です。

どれくらいかイメージするために、今年の外国人の売買動向を振り返りましょう。日本株は4～6月に記録的な上昇となりました。その原動力が外国人の日本株買いでした。その4～6月の買越額は約6兆円です。

記録的な株高をもたらしたおカネが6兆円です。一方、個人の現預金が1％動けば11兆円となるということは、個人マネーの潜在力の大きさがわかりますね。

2020年度までは個人は株を売り越していました。長く投資をしている人が株価上昇の過程で、利益確定の売りを出したとみられます。

ところが、これからは構図が変わる可能性があります。

最近、みなさんのまわりでも「いままで投資は避けてきたけど、そろそろ始めよう」という人は増えているかと思います。少額でも毎月積み立てでアメリカ株や日本株を買い始める例は多くあります。

こうした人たちは、従来の個人投資家と違い、株価が上がってもすぐに「売り越し」にはしない可能性があります。

いままでほとんど現預金だった人が積み立てを始めたとなると、すぐに売る人は多くはなさそうですよね。むしろ、何年にもわたって、じわりじわりと買い越す可能性がありま す。

こうした動きは**株高だけでなく、円安圧力になる可能性**も指摘されています。

ここ数年はS&P500や世界株を対象にした投資信託が個人に人気です。

こうした投信を買うというのは、円を売って、外貨にして、外国株を買うというプロセスになります（為替ヘッジをかける投信は例外）。最近はドルなど海外の金利が高いため、ドル定期預金などにおカネをまわす個人も増えています。

個人が円安への備えや、世界経済の成長の恩恵をとりにいく、といった観点で外国株投信の購入が勢いづけば、持続的な円安圧力になる可能性もあるわけです。

個人マネー、どれほど動くのか 身の回りに意外なヒント

新NISAのスタートに伴い、証券会社などで個人マネーがどれくらい動くのか話題になっています。「これまで投資をしなかった人が動き始めているかどうか」が、株価や為替の将来を占ううえで、実は大事な情報だからです。

しかし、精緻な予想は誰にもできません。新NISAのような大幅な拡充はこれまでなかったことです。強い投資ブームが起こるかもしれませんし、しばらくして「やっぱり日本人は投資に慎重だね……」となっているかもしれません。

そこで意外なヒントとなるのは、みなさんの身の回りのちょっとした動きです。投資に慎重だった家族や知人が投資に対して、心境の変化は起こっているか。テレビや書店、SNS、リアル会場のセミナーはどれくらい盛り上がっているか。そんな身の回りの様子が、国民全体の投資熱を映す可能性があります。

テレビ局は視聴率に敏感ですから、「人の関心をひく」と思える話題は何度も放送します。書店の平積みもしかりですね。テレビや書店が新NISAで盛り上がっている期間が長ければ、それだけ個人マネーのポテンシャルを映している可能性があります。

逆にテレビや書店で取り上げられる量が減ってくれば、ブームも落ち着いている可能性があります。そんな変化に、株価や為替の先行きのヒントが転がっているかもしれません。

虫の目 鳥の目 魚の目 「3つの目」を重ねる

株式市場は「森羅万象を映す」といわれます。このため、「株価はなぜ動くのか」という説明も非常に複雑で難しいものです。

でも、「難しいから、説明できない」では話にならないので、あえて「虫の目」「鳥の目」「魚の目」というアングルにわけて説明を試みました。

ただし、この説明も盤石ではありません。

この3つのアングルは重なることもあれば、こういった分類では片づけられない要因で株価が動くこともあります。**大切なことはこの章で説明した基本的な視座を持ちつつ、さまざまな角度から柔軟に経済ニュースに接していくことです。**

では、次の章では、ここまでもたびたび出てきた「中央銀行」に焦点を移していきたいと思います。**「中央銀行」は株価や為替の動きを考えるうえでとても重要な柱で、特にここ数年で重要度が飛躍的に高まりました。**

そして、マクロ経済や我々の暮らしにも大きな影響を与えます。中央銀行を理解することはビジネスパーソンとして生きていくうえでも大切な知識です。

では、第4章で詳しく見ていきましょう。

第4章

中央銀行は
金融市場の心臓

中央銀行が一般市民の関心事になった

この章は迷った章です。

何に迷ったかというと、そもそも章にするかどうかです。

「中央銀行」って、経済を見るうえでも、投資するうえでも、きわめて重要なのですが、いかんせん小難しそうですよね。

「中央銀行」の章があるだけで、「うわ、難しそう」と敬遠されるリスクすらあるとも思いました。

でも、やっぱりひとつの章にしようと思いました。

なぜかというと、**この数年で中央銀行の重要性が飛躍的に高まった**からです。そして、それに連動して、個人投資家、さらには**一般市民の関心も大いに高まりました。**

実際、経済にあまり関心のなかった方でも「インフレ」「利上げ」「円安」「日銀総裁が……」といったニュースを見聞きする機会はここ数年でかなり増えたと思います。

日本の中央銀行である日銀もそうですが、アメリカの中央銀行FRB（Federal Reserve Board 連邦準備制度理事会）へのここ数年の注目度も史上最大といって過言ではありません。中央銀行を知らずして、経済や投資の世界を語ることはできません。

この章では、誰にでも関心を持ってもらえるよう、**超基本的なところから話を始めながらも、いまのニュースの意味合いがわかり、そして経済・投資の世界が開けるように解説**します。

とはいえ、膨大でマニアックな説明になると、多くの人が脱落してしまいますよね。難易度や分量がほどよいバランスになるよう工夫して、一字一字を紡ぎました。

中央銀行に深い関心がなかった方も章の最後まで心地よく読み通してもらえれば、この章立ては成功となります。

では、まず中央銀行の役割からコンパクトにはじめましょう。

「お札の発行」がわかりやすい仕事だけど……

日本だと日銀、アメリカだとFRBが中央銀行にあたります。

日銀で一番なじみがあるのはお札でしょう。一万円札などを発行し、民間銀行とやりとりしながら、お札を流通させています。お札の発行・流通はもちろん中央銀行の根幹業務のひとつですが、ほかにもいろんな重たい業務があります。

金融政策、国際交渉、銀行監視、決済インフラの整備、調査・研究……どれも難しそうです。

それらを私なりに一言でまとめると、**「国民が経済生活を送りやすいように、金融面の環境を整える」**ということです。

お札を発行しているわけですが、そのお札の価値が乱高下（つまり物価が乱高下）したり、おカネがうまく行き渡らなかったりすると、大変ですよね。このため、中央銀行は「物価の安定」や「金融システムの安定」ということを使命にしています。

物価が安定せず、少し前は安かったのに最近は急に高くなったというような乱高下があれば、家計も会社もいろんな長期計画を立てづらくなります。住宅購入や大規模プロジェクトに及び腰になり、経済の活力が奪われてしまいます。

中央銀行はお札を発行するだけではなく、そのお札の価値（≒物価）まで安定させることが仕事になります。国民が物価をあまり気にすることなく、安心してお札を使い、経済活動を送れる環境整備が必要です。

「金融システムの安定」のほうは、少し難しい言葉ですね。これは、後のパートで詳しく説明しますが、**個人や企業がおカネを貸し借りしやすい環境を整えるということです。**

銀行におカネを借りていたのに、急におカネを貸してくれなくなったり、おカネの送金が円滑にできなくなったりすると、困りますよね。そういった事態に陥らぬよう、国全体で銀行経営をモニタリングしたり、決済網を整えたりしています。

ほかにも金融政策や資金繰り支援など、中央銀行にはいろんな役割があります。**これらは「国民が経済生活を送りやすいように、金融面の環境を整える」という使命のためにあります。**では、物価の安定について、次の項でもう少し詳しく見ていきましょう。

「物価の安定」のために金融政策はある

物価が激しく動く世界を想像してみてください。少し極端ですが、1万円で売られていたモノが翌年に2万円になり、次の年に5000円になっているような状況です。

これは困りますよね。いつ買うべきか悩んでしまいますし、がんばって貯金しても、将来買おうと思っていたものが、後になって値上がりして買えなくなるかもしれません。子供の養育費、老後の生活も読めず、**おカネの面での人生設計**が難しくなります。住宅ローンを借りて、家を買うのも怖くて手を出せないかもしれません。

会社の経営も大変になります。物価が激しく動くようだと、中長期的な売上高の見通しが立ちにくくなります。**長期的な視点での人材採用や工場建設といったプロジェクトも立てづらくなります**。そうすると、長期のプロジェクトは断念することになり、経済の活力がうまれないかもしれません。

金融政策は中央銀行が物価を安定させるためのアクションです。

少しかたくるしい表現ですが、日本銀行法の第2条にある金融政策の理念を見てみましょう。

「日本銀行は、通貨及び金融の調節を行うに当たっては、**物価の安定を図ることを通じて国民経済の健全な発展に資する**ことをもって、その理念とする」

「通貨及び金融の調節」は金融政策のことです。その後、「物価の安定を図ることを通じて国民経済の健全な発展に資する」とあります。

物価安定が絶対的な目標というより、「国民経済の健全な発展」が大切で、「物価の安定」はそのための金融面の環境整備という位置づけですね。

中央銀行は、これを達成するため、おおざっぱにいうと、**物価上昇が激しいときには「利上げ」**でインフレを抑えます。

逆に**物価がなかなか上がらないときには「利下げ」**することで、物価を押し上げようとします。

では、なぜ利上げすれば物価上昇を抑えられるのでしょうか。次項で見ていきます。

中央銀行は利上げ・利下げで景気と物価を操作する

中央銀行の「利上げ」「利下げ」というのは通常、**短期金利の上げ下げを意味します。**銀行同士は短期で資金をやりとりしていて、中央銀行はこの市場に日々絡みます。

この短期金融市場に中央銀行が資金を供給したり、反対に吸収したりすることで、金利を誘導しています。

たとえば、アメリカの中央銀行にあたるFRBが金利を「年率4・5％」から「年率5・0％」へと利上げしたとします。FRBは決定直後から、短期金融市場での金利が5・0％になるよう、資金を出し入れし、誘導します。

「なんで短期金融市場というよく知らない世界の動きがインフレに効くの？」という質問が出てきそうです。たしかに銀行間の短期金利って、一般市民の日々の買い物の値段とはすごく遠い話ですね。ただ、**金利というのはいろんなところでつながっています。**

銀行間の短期金利が上がると、住宅ローン金利や企業が銀行から借りるときの利子も連動して上がります。となると、個人は家を買いにくくなりますし、会社は新たな攻めの経営に少し慎重になるかもしれません。

つまり、利上げをすることは経済活動を抑える効果があります。これが効くと、景気に逆風となります。高い値段を払ってでもモノを買う人は減り、インフレが落ち着きます。逆に利下げをすれば、景気が刺激され、物価は上がりやすくなります。

アメリカは2022年、記録的なインフレに襲われました。この背景には、コロナ危機やその後の経済対策、物流の混乱、原油や小麦の高騰……などいろんな要因が絡みました。そうして、多くのエコノミストの予想をはるかに上回るインフレとなったのです。

インフレは食品やエネルギーなど生活必需品で特に起こりました。低所得者の生活に大きな打撃となり、国民の不満や不安が強まりました。**これを受け、FRBは歴史的な勢いで利上げを進めました。**2022年はじめに「0・00－0・25％」だった金利を1年あまりで「5・25－5・50％」へと引き上げました。利上げは通常、「0・25％ずつ」実施されます。しかし、2022年は「0・75％利上げ」という3倍利上げを4会合連続で実施という異例の展開でした。それだけインフレが強烈で予期せぬものだったのです。

利上げすることは、景気にブレーキをかけるということ

インフレを抑えるためFRBは利上げを進めたわけですが、前項で説明したように利上げは「経済活動を抑えることを通じて、インフレを和らげる」ものです。つまり、景気に逆風となります。

アメリカ経済を熱しもせず、冷ましもしない、ほどよい金利（「中立金利」と呼ばれます）は2％台と見られています。2020年春にコロナがアメリカを襲った直後にFRBは金利を一気にゼロ％に下げ、しばらくゼロ金利を続けました。つまり、景気に追い風となる金融政策を続け、コロナからの経済再生をねらったのです。

ところが2022年はインフレが一気に加速したことで、0％台から4％台へと反対の路線をとって急上昇させました。ほどよい金利が2％台ですから、景気に対してはかなりの急ブレーキとなります。

金融緩和だった状態から一気に引き締めるということは、入院していた人にリハビリも

なく、一気に重たい仕事を任せるようなものです。特にFRBは2021年の前半には、コロナからの再生を確実にするためまだまだ金融緩和を続けると説明していただけに、逆の方向転換はショックが大きなものとなりました。

〈4－1〉の図はアメリカ株全体の動きを映すS&P500とFRBの金利を重ねたものです。

2020～21年は金融緩和が景気や株価の追い風となり、2022年は利上げが株価を押し下げたことがわかります。

金利が上がると景気に逆風なだけでなく、株式投資の機運にも水を差します。たとえば、おカネを借りて、運用原資を膨らませることで、株式投資をする人もいます。金利が上がると、こうした投資が細ってしまいます。第3章でも説明したように、マネーの膨張・収縮といったサイクルは金融政策と密接に絡み、株価にも大きな影響を与えます。

S&P500とFRBの金利

（出所：FRB、QUICK FactSet）

〈4−1〉

金利は経済の体温

金利ってなんなのか、もう少し初歩的なところも考えてみたいと思います。

1年間で100万円を借りたとき、利子が1万円だったとします。このときの金利は1%ですね。では、「2%でもいい」「3%でもいい」という人や会社が増えてきたらどうなるでしょうか。

この場合、おカネを貸す人は金利が高いほうがオトクなので、世の中の金利は上がります。

では、高い金利でもおカネを借りたいというのはどういう状況でしょうか。

それは、おカネを使いたい事情があるということです。たとえば、個人なら「家を買いたい」、会社なら「もっと事業を大きくしたい」など。つまり、経済が活発なときほど、おカネを欲しがる人が増え、金利は上がりやすくなります。

だから、金利は「経済の体温」とも呼ばれます。**金利が高いときはそれだけ経済活動が**

温まっているということです。

ここで「あれ？」と思うかもしれません。「経済が活発→金利上昇」のはずなのに、前項の説明は「金利上昇→景気悪化」ではないかと。このあたりが金利と景気の関係のおもしろいところです。

わかりやすくまとめたのが〈4－2〉のフローチャートです。

赤い線は金利です。金利が上がるときは基本的に経

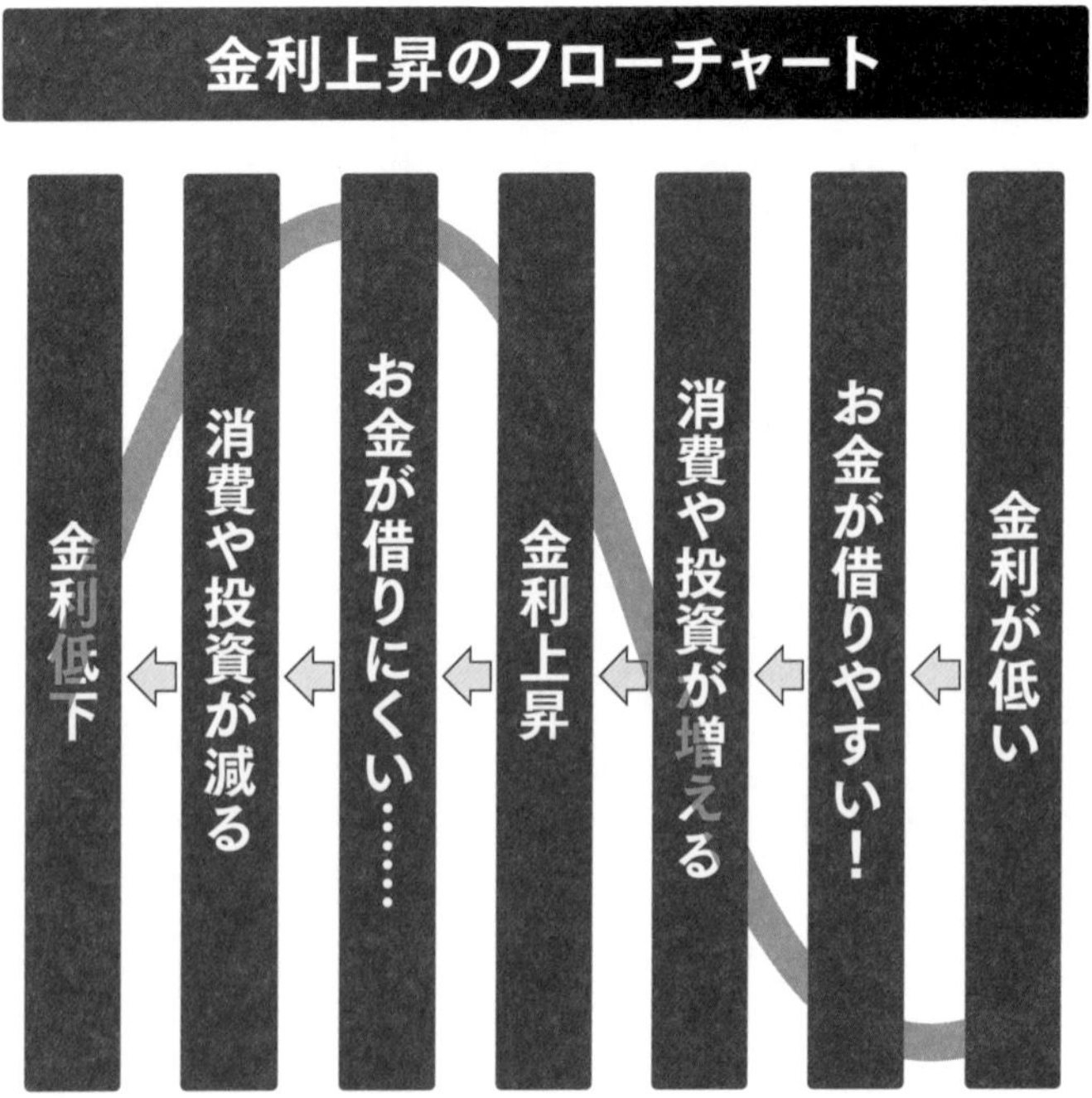

〈4−2〉

済が活発なのですが、金利上昇も行き過ぎると、今度はおカネが借りづらくなり、景気にブレーキがかかります。つまり、「景気回復→金利上昇」にもなりますし、「金利上昇→景気悪化」にもなりえるのです。

その点、「体温」はうまいたとえだと思います。体を動かすと、心拍数とともに体温が上がります。しかし、運動が行き過ぎると、息切れしますし、無理すると倒れかねません。ほどよく温まっているのが健康的ですが、高ければいいというものでもありません。病気にかかって予期せぬかたちで体温が上がり、寝込んでしまうこともあります。

人の体や心に波があり、ときにはかなり落ち込んでしまうこともあります。景気にもサイクルがあり、それを測る目安が金利ともいえます。

景気回復→金利上昇

金利上昇→景気悪化

どちらも起こる！

世界の中央銀行は「2%」を物価上昇の目標にしている

話題が株価や景気へと少しそれましたが、中央銀行の話に戻しましょう。

世界の中央銀行の大半は物価が「年2%」上昇することを数値目標にしています。ただ、この2%目標が世界で広がったのは21世紀に入ってからです。日本が導入したのは2013年です。「2%」は古くからある常識ではありません。

1989年、ニュージーランドの中央銀行が先駆的に物価目標を取り入れました。その当時は高すぎるインフレを抑えるために「0～2%」としました。

その後、徐々に見直しが進む中、2%程度が現実的な目標という目線が定まっていきました。追随する諸国も2%を採用する例が広がっていきました。

物価の「安定」というなら、数値目標は「0%」が一番いいようにも思えます。

ただ、「0%」がずっと長く続くと、デフレと呼ばれる物価下落状態に陥ることがあります。そうすると経済の停滞が長引き、金融政策の対応が難しくなるのです。このため、

0%より少し高い「2%」を目指すのが適当ではないか、という考え方も支持されるようになりました。

つまり、2%は経済学者が理論的にはじき出したものではありません。各国がざっくり始めた数字をもとに政策として走らせているうちに、次第に多くの中央銀行の目線が定まってきたという感じです。

2%物価目標をどう達成していくのか。

実際の金融政策の運営には国ごとに温度差もあります。

たとえば、FRBは2020年に「平均インフレ目標」という枠組みを採用しました。その時々で2%のインフレ率を目指すのではなく、何年か幅をもった期間でならして2%になればいいという考え方です。こうやって、経済情勢に応じて、柔軟に金融政策を修正できるようにしています。

2022年の高インフレを踏まえ、インフレ目標を2%よりも高い数値に引き上げるべきだといった議論も増えています。世界の物価目標の定義は10年後、20年後にがらりと変わっている可能性すらあります。

日銀が2%物価目標を導入したのは2013年

〈4－3〉の図は、2001年からの日本の物価上昇率の図です。

何を感じますか？

「生鮮食品除く」の前年同月比の上昇率を2001～20年で平均すると、実は「ほぼ0%」になります。2008年、2014年は振れがあり、2021年以降はインフレが深刻ですが、ざっくりならすと物価はかなり安定していました。海外で生活したことのある方は実感があると思います。

前の項目で説明したように、日銀が2%の物価安定目標を導入したのは2013年です。白川・元総裁時代の2012年2月の時点では、日銀法にある「物価安定」について、「2%以下のプラスの領域にある」とし、「当面は1%を目途」として金融政策を運営していました。

「2%をできるだけ早期に実現する」といういまの目標とはトーンがかなり異なります。

2001年からの日本の物価上昇率

（出所：総務省 消費税の影響除く）

〈4−3〉

事態が急転したのが、2012年11月です。

民主党の野田政権が衆院を解散、**自民党の安倍晋三総裁は衆院選で「日銀の金融緩和」を前面に出し、圧勝しました。**

当時はいまと異なり、日本経済は円高に苦しんでいました。円高とデフレが日本経済を停滞させているとの論調も多くありました。

安倍政権は金融緩和に積極的なリフレ派のブレーンを抱え、官邸が主導する形で日銀の金融政策に強く関与しました。世界各国で「2%」の採用が広がるなか、日本だけ物価目標の数値が低いと、金融緩和が相対的に弱くなり、円高圧力にさらされやすいとの指摘もありました。

政権発足から1カ月もたたない、2013年1月22日、政府と日銀は共同声明を出し、2%の物価目標を導入しました。

そしてこのとき、日銀総裁の交代が春に迫っていました。安倍総理が選んだのが財務官出身で、金融緩和に積極的な黒田東彦氏でした。

人選には本田悦朗氏、浜田宏一氏ら、金融緩和に積極的なリフレ派ブレーンの意見が影響したとされます。

金融政策には「独立性」という概念があります。政策判断に政府が関与しないというものです。

ただ、日銀総裁を選ぶのは国会で、基本的にそのときの総理が決めます。金融政策はやはり政治の力が強く及びます。

2013年3月に黒田総裁が就任。4月に開かれた最初の金融政策決定会合で「異次元」「バズーカ」とも呼ばれる強力な金融緩和が発動されました。

次項では、黒田体制10年をザッと振り返りましょう。

2%物価、遠かった10年間

黒田総裁は2013年4月に開いた就任後初の金融政策決定会合で、物価目標2%を「2年程度を念頭にできるだけ早期に実現する」としました。**期間を明示するのは日銀の意気込みの表れでもあります。**

このときの日銀の政策金利はゼロ金利だったため、利下げするのではなく、大量の国債購入や日本株に連動するETFの購入などをして市場におカネを投入し、非伝統的な金融緩和を大規模に打ち出しました。市場におカネを入れることで、物価を上げようとしたのです。黒田総裁は記者会見で「戦力の逐次投入をせずに、現時点で必要な政策をすべて講じた」と強調しました。

しかし、目標達成は何年たっても実現しませんでした。原油価格の急落や消費税増税など逆風もあったのですが、一番は「企業が値上げに慎重で、家計は値上げを受け入れない」という日本の慣行が根強かった面が大きいからだと見られます。

当初、「必要な政策をすべて講じた」といったほどの政策だったので、それ以上、金融緩和を追加で行う余地はあまりありませんでした。マイナス金利政策やイールドカーブ・コントロール（YCC）など、さまざまな緩和強化を繰り出してきたものの、物価上昇の起爆剤とはなりませんでした。イールドカーブ・コントロールについては次の項目で説明します。

そのうえ、国債市場の機能低下や急激な円安など、金融緩和の副作用も蓄積しました。黒田体制の終盤は、このような金融緩和の副作用を抑えるような調整がたくさん施されました。**そうして、金融緩和がずっと持続された一方、金融政策はとても複雑になり、国民が理解しづらい状況となってしまったのです。**

黒田総裁は2023年3月の最後の金融政策決定会合で、「金融緩和は成功だった」と評価しました。物価目標は達成できなかったものの、「デフレではない状況になった」とし、雇用も大きく増えたことも成果に挙げました。

ただ、この10年間を総じてみると、世界経済は成長し、株価は上昇しました。雇用情勢の改善は人手不足という構造要因もあります。黒田総裁の金融緩和がどれほど、物価・雇用に追加的な好影響を与えたのかは、識者の間でも意見がわかれています。

イールドカーブ・コントロールは国債の長期金利まで操作する異例の策

黒田日銀の金融政策はかなり複雑になったので、この本では細部まで触れません。ただ、イールドカーブ・コントロールという枠組みは2022−23年のニュースでよく出てきた言葉なので、簡潔に説明しておきます。

イールドカーブ・コントロールは2016年に導入されました。**これは、10年物国債の金利を0％程度になるよう、日銀が国債を売買して誘導するものです。**国債の金利は通常プラスですから（そうでないと誰も国債を買いませんよね）、日銀が国債を買って、強引に0％に押さえつける感じです。

通常の「利上げ」「利下げ」は短期金利の操作だと説明しました。イールドカーブ・コントロールとは、短期金利をこれ以上下げるのが難しくなったため、紆余曲折を経て、10年物国債という長期金利を操作する仕組みです。

「0%程度」といっても、きっかり「0・000%」を目指すわけではありません。国債は株価と同じように日々投資家の間で取引されており、厳格に0・000%を目指すのは難しく、また、国債市場の取引自体が停滞してしまうおそれもあります。

この異例の政策を7年以上続けたことで、国債市場の機能低下が強まりました。国債購入も続いたことで、国債発行残高の半分以上を日銀が持つ事態にもなりました。

そこで日銀もイールドカーブ・コントロールにさまざまな修正を加えてきました。

当初は、「0%程度」への誘導にあたって、±0・1%程度の幅を許容するように運用していました。しかし国債市場の機能に配慮する観点から、この許容幅は0・25%、0・50%などと少しずつ広げられていきました。

2023年10月には「1%を超えても容認する」ようになりました。「0%程度」という文言は残しつつも、「1%を超えてもいい」といっているので、「イールドカーブ・コントロールは形骸化した」との評価も多くあります。

それでも、2022年に急激に円安が進んだ一因はイールドカーブ・コントロールにありました。そのメカニズムを次項で説明します。

円安の理由は、アメリカの金利上昇とイールドカーブ・コントロール

第1章では円安がわたしたちの生活に与える影響をお話ししましたが、「なぜ円安が起きたのか」には触れていませんでした。ここでは、それを説明したいと思います。

2022年の円安は、日米の金融政策の影響が非常に大きく出ました。

FRBは急激なインフレを抑えるため、金利をゼロから5%台へと引き上げました。

一方、日銀は対照的に金融緩和を粘り強く続ける姿勢を発信しつづけました。

日本もインフレになりましたが、これは輸入品価格の上昇が主因で、日本国内で強い消費意欲が起こったことからのインフレではありません。日銀は金融緩和を続けることで、景気を支えることに重点を置いたのです。

〈4－4〉の図は為替レートに影響を与えやすいとされる2年物国債の利回りです。ざっくりいうと、今後2年間の中央銀行の金融政策の見通しを映した金利になります。

一目瞭然ですね。アメリカの2年物国債の金利は大きく上昇し、日本の金利はほぼ横ば

いです。ここにドル円レートを重ねると、ほとんどこれに平行に動いていることがわかります。

利子が５％の通貨と利子が０％の通貨があるなら、５％のほうが魅力的です。**もちろんほかの条件もあるのですが、基本的に金利の高いほうの通貨が買われやすくなります。**特に２０２２年は米金利が急上昇したので、ドルの人気が一気に上がりました。

日本の金利も大きく上昇していれば、ここまで円安ドル高は進まなかったはずです。ＦＲＢの急速な利上げと、日銀の金融緩和が組み合わさり、記録的な円安・ドル高となりました。

為替はとても読みにくく、この先数年の為替レートがどうなるかは予想できません。金融政策だけでなく、貿易や産業構造、証券投資などいろんな要因が絡みます。

ただ、日本の金利は20年以上にわたってほぼゼロ％でした。

2年物国債の利回り

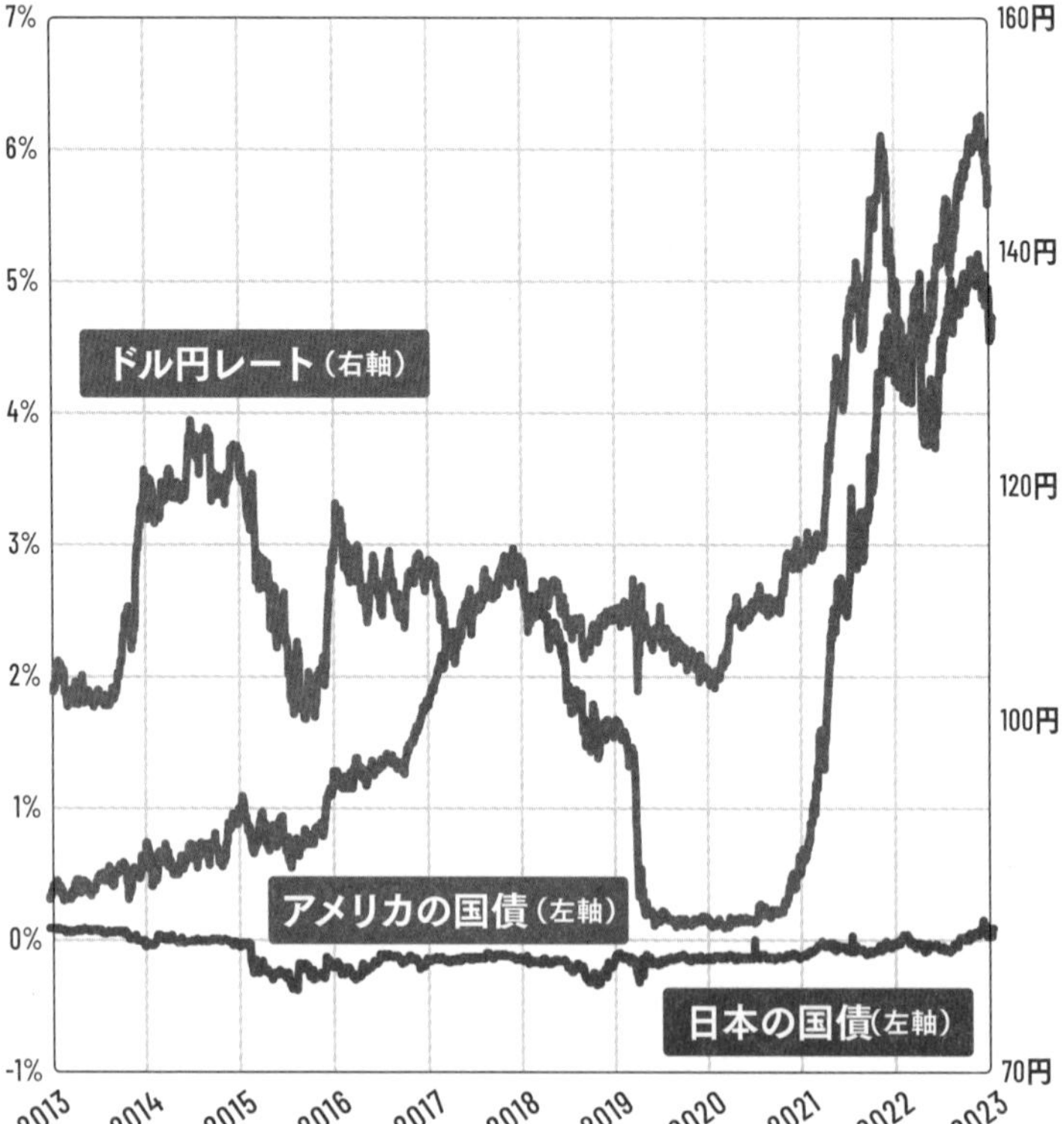

（出所：QUICK FactSet、財務省）

〈4−4〉

日銀も金融緩和の修正を進めていますが、金利がアメリカのように大きく上昇するのはなかなか見通しにくい状況です。**海外情勢にも左右されますが、円安に傾きやすい構造が長く続く可能性を意識しておくことは大切かと思います。**

日本はいまや貿易赤字国
構造的な円安要因に

２０１０年ごろまでは日本は貿易黒字国でした。貿易黒字とは輸出が輸入より多い状況です。自動車や電気機器など国際競争力が強かったわけです。

ところがこの10年ほどは貿易赤字が目立ちます。電気機器など輸出品の国際競争力が落ちたほか、エネルギーの輸入依存が強まったことが影響しています。

貿易収支はモノの輸出入ですが、サービスの輸出入でも構造変化が起きています。**最大の要因はデジタル消費といわれています。**わかりやすくいえば、YouTube、iPhoneのアプリ、Netflix、Zoomなどです。みなさんがなにげなく使っているサービスもよく考えると、海外企業です。Netflixを契約すれば、お金はアメリカ企業の収益になります。

YouTubeは無料でも、広告をみれば、広告主からの収入はGoogle社に向かいます。日本のテレビをみて、テレビ局に広告収入が向かえばおカネの移動は日本のなかだけですが、YouTubeだと海外サービスの輸入になるんですね。

こうしたおカネの積み重ねが無視できない規模になっています。コロナ後、リモートワークやＤＸの活用が急速に広がり、Zoomやsalesforce, Slackなど、職場で海外サービスを利用する機会も増えました。

便利になるのはいいことですが、それまでの日本での庶務が海外サービスを輸入するかたちに置き換わっているわけですね。

このトレンドはなかなか変わらなさそうです。一度大きなプラットフォームを握り、ブランド力や開発力で圧倒すれば、強い企業の地位はより確立される可能性もあるわけです。

日本が魅力的なモノ・サービスを生み出していれば、海外の人が外貨を円に換えて買いにくるので、円高になりやすくなります。

しかし、日本のモノやサービスが海外で売れなくなると海外の人が円を買う機会が減ります。つまり、円高圧力が弱まるわけです。逆に、みなさんが海外のモノやサービスを買うと、円を売って外貨を買う円売り圧力になるわけです。

長い目でみると、円安は「日本の産業の競争力低下を映している」ともいえます。外国人観光客の急増など、日本の魅力に注目が集まっている面もありますが、全体としてはモノ・サービスともに、赤字方向に傾いています。為替はこうした構造要因も、長期的な通貨分散を考えるうえではとても大切です。

植田日銀について知ろう

2023年4月に、日銀総裁を10年間務めた黒田東彦さんが退任し、植田和男さんが新しい総裁に就任しました。

これまで日銀出身者か財務省出身者が総裁に就くのが慣例でしたが、学者出身の植田さんが就くことになり、メディアでも大きな話題となりました。

彼は日本を代表する金融政策の研究者で、1998〜2005年には日銀の審議委員として政策決定にも携わりました。黒田前総裁のほか、日銀の多くの役職員からも信頼を集めています。

日銀の金融政策は総裁を含む9人の政策委員の多数決で決まりますが、総裁の影響力はきわめて大きなものです。植田総裁の考えが今後の日銀の金融政策を左右します。

植田体制になり、当初は黒田体制からの継続が強調されました。

植田さんは就任前の国会での所信聴取で「いまの金融政策は適切だ。金融緩和を継続し、経済をしっかり支え、企業が賃上げできる環境を整える」と述べています。最近の値上げについても「主因は輸入物価上昇によるコストプッシュインフレで、需要の強さによるものではない」と、黒田さんと同じ見解を示しました。

総裁の交代で日銀の金融政策が急にガラリと変わってしまうと、金融市場や実体経済にショックが走る恐れがあります。先々、黒田体制から転換するとしても、まずは無難で円滑な総裁交代となるのが理想と考えるのが常識的だといえます。

ただ、先述のイールドカーブ・コントロールなど、長期間に及ぶ金融緩和は副作用も大きく、植田総裁も高い問題意識を持っています。

就任1年目にはイールドカーブ・コントロールの柔軟化を進めてきました。インフレや賃上げの勢いが持続すれば、2024年にはマイナス金利政策の解除など金融緩和の正常化に向けた次のステージも予想されています。

わかりにくい金融政策をわかりやすく

「日銀総裁に植田和男氏」と伝わったのは2023年2月10日、金曜日の夕方でした。下馬評にほとんどあがっておらず、報道直後に為替は乱高下しました。私もその人事に驚きましたが、夜の報道でもうひとつ驚かされることがありました。植田さんが自宅前で多数のテレビカメラに囲まれるなか、取材に応じていたのです。

「現時点では人事についてはなにも申し上げられません」としながらも、学者の立場として「現在の日銀の金融政策は適切であると考えています」との考えを話しました。この時点ではまだ政府は国会に人事案を提示していませんし、国会での所信聴取もまだです。無難な発言とはいえ、観測報道の段階で取材に応じていたのには驚きました。

これには賛否両論ありうると思います。報道しか出ていない段階では、自宅前に押しかけられてもノーコメントで突き通すのはひとつのやり方だと思います。ただ、私はこの対応はよかったのではないかと感じました。

報道段階では、植田さんがどういう政策スタンスなのか読みづらい面もあり、為替は一時円高方向に振れていました。学者の一般的な見解としつつも「現在の政策は適切」と話すことで、黒田路線から大きな変化はないということを発信したわけです。**これがなければ、マーケットが不用意に乱高下していたリスクもあります。**中央銀行が、市場の乱高下を防ぐために情報を発信し、対話していくことはとても大切です。

2月24日の国会での所信聴取では「金融政策は金融市場を通じて経済全体に働きかけるものだ。市場関係者とのコミュニケーションを適切に行いたい」「広く国民の皆様にもわかりやすい説明をするよう心掛ける」とも述べました。

黒田総裁時はサプライズの政策変更があり、市場との対話が機能していなかったという批判があります。金融政策が複雑になり、国民の大半が理解できない状態になりました。

金融政策は国民の暮らしに影響を及ぼすため、説明は非常に重要です。植田総裁の記者会見は黒田総裁時と比べ、記者の質問を真摯にうけとめ、自身の言葉で国民になるべくわかりやすいよう丁寧に説明しようとしている印象があります。金融政策の正常化は専門的な面も多く、正確でわかりやすい説明は難しいと思いますが、今後の発信には私も期待しています。機会があれば記者会見に出席し、対話の一端を担えればと考えています。

どうなる日本の物価

金融政策と密接に絡むのは物価です。ちょっと見てみましょう。

消費者物価指数の上昇率（前年同月比）は2023年に4％を超えました。オイルショックが尾を引く1981年以来の伸びです。**「生まれて初めて」という方も多い世界です。**その後は政府の電気代軽減策のおかげで伸びは少し小さくなりましたが、記録的な上昇が続いています。

値上げが目立つのは食用油やパン、マヨネーズなどの食品。電気代、ガス代などのエネルギー。iPhoneなど携帯電話機も大きく値上がりしています。食品やエネルギーは輸入に頼る度合いが大きく、円安の進行で原材料費が高騰したためです。

物価は需要と供給のバランスで決まります。

景気がよくて「値段が高くても買いたい」という需要が強ければ価格が上がります。一方、原材料の上昇や品不足といった供給要因でも値上がりします。

2022〜23年の日本は消費はそれほど強くはなく、供給が不足していることにより、値上げが起こっています。言い換えれば、供給の不足が弱まれば、値上げ圧力も弱まります。

2022年10月には1ドル＝150円台まで円安が進みましたが、2023年に入ってからは一転して120円台まで円高に戻る時期もありました。

原油や小麦といった一次産品価格も2022年なかばから上昇が一服しました。エコノミストの間では2024年には、物価上昇率は1〜2％程度へと落ち着くとの見方もあります。

ただ、値上げに対する国民の価値観が変わってきている可能性があります。

もしかしたら今後、値上げの力学がかわっていくかもしれない可能性についてこの後から考えてみます。

値上げの力学が変わってきた

私が小学生だった1980年代は、マンガ雑誌や缶ジュースがときどき値上げされていたのをいまでも覚えています。

〈4－5〉の図は消費者物価の「前年比」ではなく「価格」の変化です。1980年代は日本でも値上げはよくあることだったことがわかります。

しかしバブルが崩壊し、1990年代以降に値上げの文化が大きく変わりました。消費税増税や原油高などで一時的に上昇しているときもありますが、この1～2年の急上昇を除けば、ほぼ横ばいです。

30年近くも値上げの少ない社会を過ごすと、「物価は上がらない」という感覚が多くの人に根付くことになります。

値上げのニュースを聞いたときの国民の抵抗感は海外と比べても強いといわれます。

企業やお店は「値上げするとお客さんが離れかねない」という警戒が強く、なかなか値

消費者物価の価格の変化

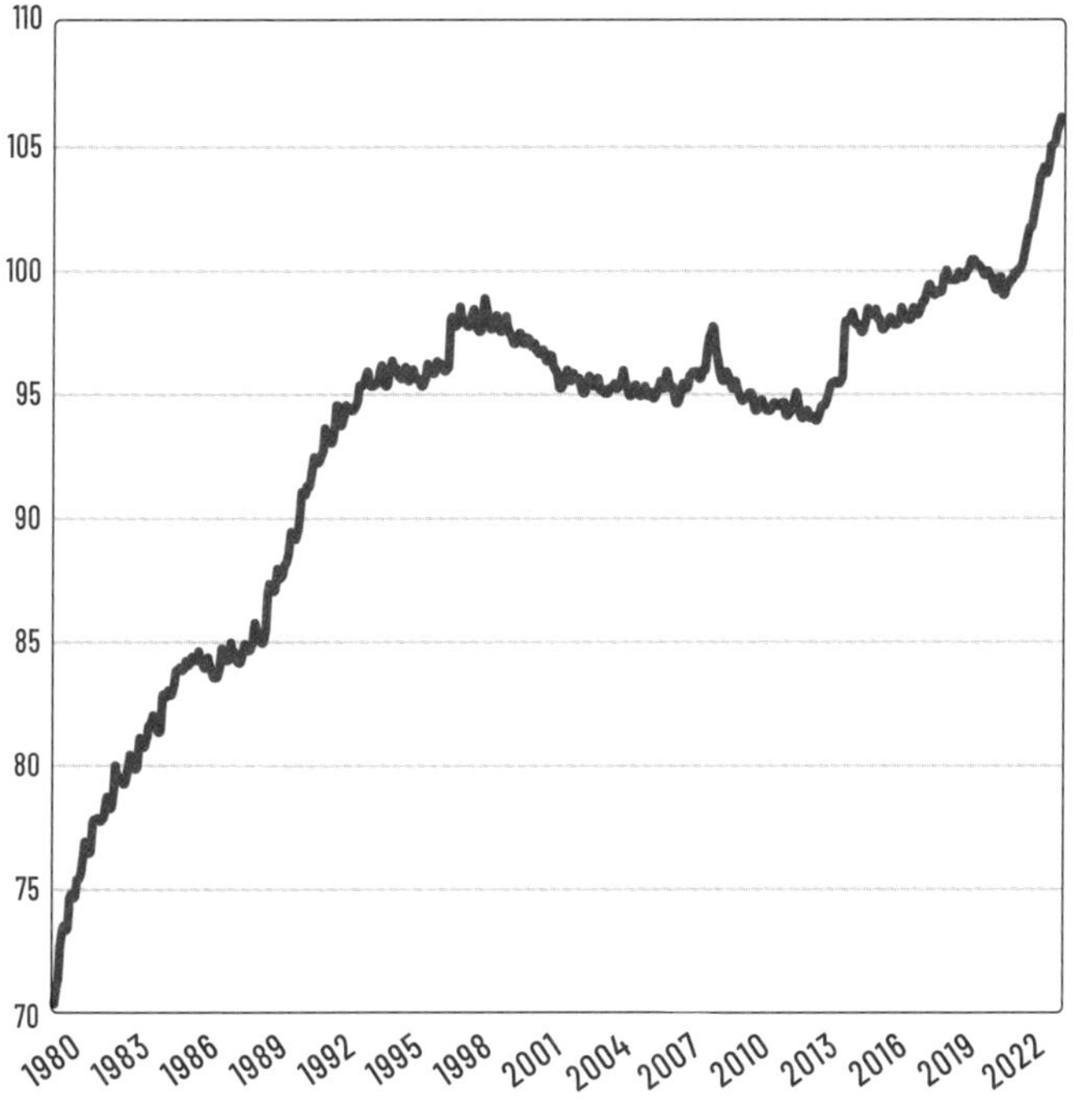

（出所：総務省 2020年＝100 季節調整済み）

〈4−5〉

上げに踏み切れません。こういう循環を繰り返した結果が図の動きだったといえます。しかし、この1~2年で値上げが相次いだことで、「まわりも値上げしているし、うちもやるか」といった事例が増えました。

外食店を見ても、あちこちで値上げがありますよね。マクドナルドは1年で何回も値上げをしており、「一度値上げしたらしばらくはできない」という雰囲気も薄れてきています。

消費者の立場だと、値上げは困るかもしれませんが、どこも値上げをしていてはあきらめざるをえない面もあります。

ポイントは賃金です。**賃金がインフレなみに、あるいはそれ以上に上がってくれば、家計も値上げへの許容度が上がります。**企業の売上高は伸び、収益が上がり、従業員の賃金も上げられるという好循環に向かいます。

2022年は物価が上がっても、賃上げは鈍い、という家計に苦しい年でした。ただ、賃上げの力学も変化が出始めています。2023年の賃上げの状況を次項で確認しましょう。

賃上げの力学にも構造変化

2023年1月、ひとつのニュースが話題となりました。

ユニクロを運営するファーストリテイリングが大規模な賃上げを発表したのです。**初任給は25万5000円から30万円**へと引き上げ、国内の人件費は総額で15％増やすといいます。海外では賃金上昇が続くなか、グローバルな目線で優秀な人材を確保するため、大きく動きました。

ユニクロだけではありません。サントリーホールディングスも大幅な賃上げに踏み切りました。新浪剛史社長は**「いままでと違って、賃上げはマスト」**と述べています。3月の大手企業の春闘でも労働組合の要求に対し、満額回答する大企業が相次ぎました。

賃金を左右するのは何だと思いますか。いろいろありますが、私は以下が大きな3つの要因だと思います。それは、

①**企業の利益**
②**人手不足感**
③**物価**

です。

ひとつ目の企業の利益はわかりやすいですよね。会社が儲かっていれば、従業員の給料も上がりやすくなります。

ふたつ目の人手不足は、たとえば就職氷河期といわれたような時代は給料を上げてもらうどころか就職先を探すのも大変でした。最近は逆に人手不足感が強まっています。企業は賃金を上げたり、働きやすくやりがいのある職場環境をつくったりしないと、従業員を確保しづらくなっています。

3つ目は物価です。食品などの生活必需品や電気代などが値上がりすると、従業員の生活が苦しくなります。**労働組合の賃金交渉も物価の動きは大事な論点**となります。

2022年後半ごろからは急激なインフレに対応した一時金を支給する企業も増えました。

企業収益はゆるやかながら回復しています。

そして人手不足は少子高齢化の影響で強まっています。そこへ物価高騰という要因が重なりました。今世紀に入ってから、最も賃上げが起こりやすい環境といえます。

ただし、ここまでの賃上げの動きは大企業が中心です。中小企業は積極的に賃上げできるところがまだ少なく、今後、どの程度広がっていくのかは見えにくい面があります。

気になるのはこれが一時的なものなのか、大きなトレンド変化の入り口なのか、というところです。**そこには上記の3つの要因のほかに、若者の価値観の変化も大事だと私は思います。**次はここを見ていきましょう。

従業員が会社を選ぶ時代になった

「5年以内に退職予定」という新入社員が40%という結果が、2023年のマイナビのアンケートでわかりました。定年まで同じ会社に勤めようという人が年々減っていることがわかります。

日本では20世紀後半の戦後復興、高度成長期、バブル経済のなか、終身雇用や年功序列が主流でした。しかし、21世紀に入り、インターネット、スマホ、AIとテクノロジーがどんどん進化し、人々の暮らし方や産業構造が大きく転換しました。

特に2023年に入ってからは、ChatGPTなどAIが私たちの暮らしや働き方を大きく変えようとしています。**こうした世の中だと、「ひとつの会社に40年勤めて、社内で出世しよう」という意識を持つ若者が減っていくこともうなずけます。**

私自身、40歳を過ぎてから、18年間勤めた日本経済新聞社を退職しました。私のまわりでも40歳前後で転職する人はたくさんいて、新たに話を聞いても、あまり驚かなくなりました。50歳前後ではじめて転職する方も増えてきた実感があります。

日本はこれまでよくも悪くも転職が少ない傾向がありました。従業員からしても、給料は上がりにくいものの、急に解雇されるリスクは低いというメリットもありました。

ただ、ひとつの会社に長くいること自体がリスクと感じる人が20－30代を中心に増えています。副業やリスキリングといった言葉をよく聞くようになったのも同じ文脈にあるといえるでしょう。

となると、雇用主も「給料を上げなくても大丈夫だろう」という考えは通じにくくなっています。働きがいや、働きやすさといった職場環境の整備も大切になってきます。

政府も雇用の流動化を支援しています。このようなことが重なり、国民ひとりひとりの働き方の意識も変われば、転職が増えていくでしょう。**そのとき、旧態依然とした人事戦略の企業は優秀な新卒社員を採れないばかりか、既存の社員も流出するでしょう。**

さきほどサントリーの新浪社長の「いままでと違って、賃上げはマスト」という言葉を紹介しました。学生からの人気の高い大企業でもこうした意識変化が起こっていることを考えると、企業の賃金戦略にも大きなうねりがきている可能性もありそうです。**そういった視点から、今後伝わってくる雇用関連のニュースを見ていくとおもしろいと思います。**

米FRBは世界の金融の中心

アメリカの中央銀行は、FRBです。ここからは金融市場、世界経済を左右する、アメリカのFRBに話題を移しましょう。

この1~2年でアメリカの金融政策がニュースで取り上げられる機会はものすごく増えました。経済メディアに限らず、テレビの一般的なニュース番組でも格段に増えたと思います。

このように、FRBは日本でも注目されています。それはなぜなのでしょうか？

「世界最大の経済大国の中央銀行だから」「基軸通貨であるドルの国だから」。いろいろ理由があると思います。

ただ、それだけだと、なぜこの数年で注目度が上がったかの説明にはなりません。アメリカは古くから世界一の経済大国ですし、ドルはずっと前から基軸通貨です。

理由のひとつは日本でも、個人で投資をする人が増えてきたことがあると思います。

詳しくは第5章で話しますが、NISAなど政府の投資の後押しが進み、コストや利便性の面でも投資のハードルが下がりました。こうして、個人でも、少額の積み立て投資でS&P500など外国株投資をする人が急速に増えました。それに合わせるようにして、米国株や為替レートを大きく左右するFRBの金融政策への関心を持つ人が増えたというのが大きいと思います。

もうひとつ大きいのが、FRBが行う金融政策が、世界の金融市場や経済に与える影響がここ数年で大きくなったことです。なぜアメリカというひとつの国の金融政策が、世界の市場に影響を与えるまでになったのでしょうか。

金融政策は政府の財政政策よりも機動的に対応できます。

コロナがアメリカを襲った2020年3月には、FRBは緊急会合を開き、大幅利下げと大規模な資産購入を決めました。一方、2022年にインフレが進むと、一気に利上げを進めました。

本来、このような金融政策の急転換は好ましいとはいえません。つまり、コロナとその後の経済正常化はこれまで経験したことのない出来事でした。**このようなとき、危機に対応するためにFRBに託された仕事は大きく、結果として経済や金融市場に与える影響も**

大きくなったということです。

金融市場が年々肥大化していることも無視できません。

21世紀に入り、グローバル化やデジタル化が急速に進み、国境を越えたマネーが瞬時に行き来するようになりました。

このように、国際金融市場の中心であるアメリカの動きは日本と密接につながっており、そのアメリカの金融市場を左右するFRBの動きは日本にとっても非常に重要な経済ニュースです。FRBの動きを把握せずして、金融市場や日本経済を理解するのは難しくなっています。

コロナ後のアメリカ金融政策をハイライトで知ろう

ＦＲＢを深掘りし始めると一冊の本では足りなくなってしまうので、この本では駆け足で、現在につながるコロナ以降の金融政策を振り返ってみます。

２０２０年春、アメリカでもコロナの感染爆発が起こり、各地でロックダウン（都市封鎖）が広がりました。経済どころか、社会活動自体が停止する事態です。ここでＦＲＢは、中央銀行として、できる限り経済や金融市場の瓦解を防ぎ、できるだけ早く、経済・社会の正常化につなげようと全力で金融緩和を進めました。

２０２０年なかごろからは、曲折を経ながらも段階的に経済活動が再開しました。この間、金融緩和とともに政府の財政出動もありました。そのため、市場にはおカネが入り、景気は２０２０年後半から２０２１年にかけ力強く回復しました。ＦＲＢは経済の正常化に万全を期すため、２０２１年なかごろまで、しっかりと金融緩和を続けていく姿勢を強調していました。

ところが2021年後半から異変が生じます。
一時的とみられていたインフレが収まるどころか、記録的な加速を続けたのです。
理由は5つほど挙げられそうです。

①財政出動や金融緩和の影響で需要が急回復した
②株価や不動産価格が上昇し、富裕層の消費意欲が拡大
③急激な経済再開で物流網（サプライチェーン）が混乱し、モノが手に入りづらくなった
④原油など一次産品価格の上昇
⑤人手不足による賃金上昇

このような強い要因が一気に重なったことで、消費者物価指数（CPI）の前年同月比は2022年6月に9・1％も高くなりました。

これほどのインフレは国民生活に大きな打撃を与えます。この頃、バイデン大統領もインフレ対策を経済の最優先課題に挙げるようになりました。**FRBはそれまで、経済再生**

を最優先に金融緩和を続けてきましたが、一転して、インフレ退治のための金融引き締めへと舵を切ったのです。

急激な利上げは景気にブレーキになってしまう面もありますが、パウエル議長は「物価の安定がなければ経済は誰のためにも機能しない」と強調し、景気を多少犠牲にしてでもインフレ阻止を優先しました。

こうして、これまでも紹介したとおり、利上げは通常0・25%刻みですが、2022年は0・75%の利上げを4回連続で実施するなど、過去にない急激な引き締めを進めました。

2023年後半は利上げを停止し、FRBは過去の利上げの影響や、物価・景気の先行きを見極めようとしています。

景気を優先するか、物価を優先するか

ここまで、急激に利上げし、インフレを阻止しようとしてきたFRBは、2022年12月からは、利上げ幅を縮めていきます。具体的には、0・75%↓0・50%↓0・25%にしていきました。

2022年末時点でもインフレ率は高くはあったのですが、2022年半ばから率が鈍化していったためだとみられます。金融政策が経済や物価に影響が出るのは半年から2年程度かかるといわれます。記録的なハイペース利上げを進めてきたので、いったんはその影響を見極めたいという面もあったようです。

しかし、FRBは2022年春以降、複雑なジレンマを抱えることになります。インフレはピークアウトしたとはいえ、上昇圧力は根強く、目標とする2%の上昇率を大きく上回る状況が続いていました。その半面、利上げを続けてきたことで、景気の減速感も強まってきたのです。

FRBにとって物価の安定は大事ですが、もちろん景気や雇用がボロボロになっていいわけではありません。利上げが効きすぎて、失業者が急増するのは好ましい状況ではないのです。

つまり、「インフレ退治なら利上げ」と「景気配慮なら利上げ停止、または利下げ」というジレンマに挟まれることになりました。景気の悪化が穏やかなものでありながら、インフレが徐々に収まっていくのが理想的な展開です。しかし、現在はそのようにうまくいくのか不透明な状況となっています。

金融システムは血管のように社会に張り巡らされている

この章のはじめに中央銀行の使命は「国民が経済生活を送りやすいように金融面の環境を整える」ことだとお話ししました。**その柱となるのが物価の安定と金融システムの安定です。**でも、「金融システム」って、一般にはかなりとっつきにくい言葉です。

〈4－6〉は、金融システムの簡単なイメージ図です。

民間銀行はどの国にも数多くあります。そして銀行同士は日々たくさんの資金をやりとりしています。わかりやすくいうと、三菱UFJ銀行の口座から三井住友銀行の口座に振り込むこともありますよね。ライバル会社であっても、お互いに日々、密接な取引をしています。**銀行同士で大量の短期資金の貸し借りもしています。**

このため、もし銀行Aが破綻したり、破綻をするかもしれないという懸念が広がったりすると、銀行B、C、Dにも瞬時に悪影響が及びかねません。銀行B、C、Dには問題が

金融システムのイメージ

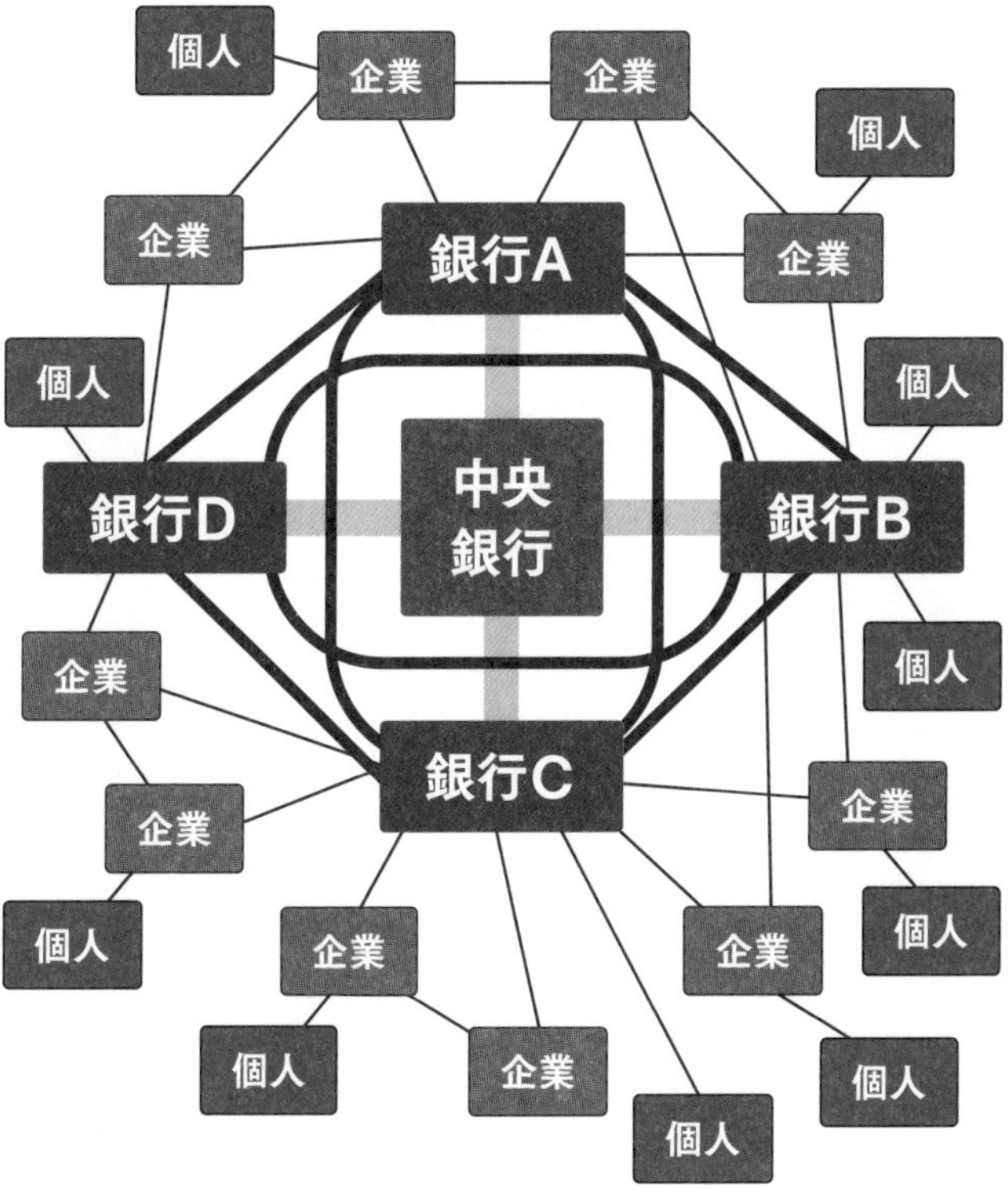

〈4−6〉

なくても、「ここは破綻をするかもしれない」と思われてしまうと、ドミノ倒しのように影響を受けかねないのがポイントです。

銀行はたくさんの企業や個人からの預金があり、融資もしています。銀行が倒れたら、企業の資金繰りがひっ迫し、たくさんの事業活動にも影響が及ぶ恐れもあります。

このように銀行同士だけではなく、企業や個人に血管のようにネットワークが張り巡らされています。おカネが血液のように隅々にまで流れ、経済活動を支えています。**このインフラのような仕組みが金融システムです。**

この金融システムが危機的な状況となったのが2008年のリーマンショックです。リーマン・ブラザーズという巨大な金融機関が破綻したことで、金融システムに血液が巡らないような事態に陥りました。ほかの銀行に打撃となっただけでなく、企業や家計の資金繰りも悪化。株式市場も大混乱に陥りました。

こうした危機を二度と起こさぬよう、世界の金融当局は過去10年あまり対策を練ってきました。金融規制を整備することで、あらかじめ危機が起こりにくいようにしたり、金融機関への監視の目も強めました。なにかあったときには機動的に対応する体制も整えました。

このため、リーマンショック前よりも金融危機は起こりにくくなってはいます。とはいえ、当局はリスクを完全には把握できません。

2023年には米銀シリコンバレーバンクやクレディ・スイスの経営不安で市場が動揺したように、こうしたショックがまた訪れる可能性はあります。

こうした金融システムの安定確保は、中央銀行にとって物価安定と同じくらい大切な仕事です。

第5章

投資をはじめよう

投資をする際に、まず一番大切なこと

「投資をはじめよう」という章ですが、最初に投資詐欺の話をしたいと思います。

「投資詐欺なんて、私には関係ないでしょ」と思うかもしれません。**しかし、投資詐欺は貯金の少ない若者も含め、誰でもターゲットにされる恐れがあります。**自分にも襲い掛かることをしっかり意識しておかないと、取り返しのつかないことになります。

詐欺でよくある手法は「元本保証」「月○万円」「利回り○%」といった聞こえのいいうたい文句です。**いまの日本では元本保証で、利益・利回りを確実に得られるものは国債以外にありません。**もしそんな宣伝があれば、なにか**大きなリスクが隠れているか、嘘です。**

「そんなことわかっているよ」と思う人も多いかもしれません。

しかし、詐欺グループは人をだますプロです。どうすれば人が騙されるのか、断れなくなるのか、ノウハウを蓄積しています。

ここ数年でいえば、ビットコインやブロックチェーン、NFT、AIなど、キーワード

を巧みに使うことにより、「いままでなかった投資」などと煽ることがよくあります。「いまだけ」「ここでだけ」といった希少性を訴え、あわてて購入させるパターンもあります。

投資詐欺ははじめは少額だったとしても、一度応じてしまうと、あの手この手を使って、追加の資金を求めてくるようになります。**貯金の少ない学生であっても、消費者金融に駆け込ませ、目いっぱいの金額を借りさせる手口**もあります。若くして投資詐欺にあって借金を背負い、自殺に追い込まれてしまうという痛ましい事件もあります。

付き合いのある知人からの紹介をきっかけに詐欺に巻き込まれることもあります。

とにかく、聞こえのいい話は疑うべきですし、「いい投資話があるよ」といった触れ込みはまずは疑ってかかることが大切です。そして、「元本保証」「必ず儲かる」「月〇万円」などの煽るような勧誘には特に気をつけてください。

もし、「これって本当に投資して大丈夫？」「詐欺に巻き込まれているかもしれない」と感じたときは電話番号188（いやや）にご相談してください。

この番号は地方自治体などが運営する消費に関する苦情や相談の窓口につながるようになっています。さまざまな詐欺の事例を把握しており、適切なアドバイスをしてくれます。

株をはじめたいときの基本的な流れ

株を取引するためには、**まず証券会社に口座を開く**必要があります。手続きとしては銀行口座をつくったり、クレジットカードをつくったりするのと大差はありません。最近は便利になり、スマホで身分証明書をスキャンしたもので手続きができるところも増えています。早ければ、口座を開こうと思ってから数日のうちに取引ができるようになります。

その後は、基本的には銀行口座から証券口座へと資金を移し、そのおカネで株や投資信託を買います。

口座を開く証券会社はたくさん候補がありますが、「どこがいいの？」とよく聞かれます。基本的には**ネット証券**が手数料が安くおすすめです。

ネット証券には、口座数の多い大手ではＳＢＩ証券、楽天証券、マネックス証券、ａｕカブコム証券、松井証券などがあります。それぞれ手数料体系やサービスは多少異なりますが、いずれも低コストで使い勝手がいいと思います。いくつかウェブサイトをチェックして、自分が使いやすそうな証券会社を選べばいいと思います。

また、複数の証券会社の口座を持つ人もいますが、管理の手間を考えると、ひとつの証券口座で十分だと思います。新NISAの口座はひとりにつきひとつの金融機関でしか開けません。

どの証券会社も、「税制」や「注文方法」についてわかりやすい説明が用意されています。**口座開設後、こうした説明を見ながら、株や投資信託を少し買ってみるといいでしょう。**少額でも買ってみると、株取引にデビューした感じが一気に高まりますし、小難しい説明もスーッと頭に入ってくるようになります。

取引しているうちに疑問点も出てくると思います。それを証券会社などのQ&Aで調べていけばどんどん理解が深まります。

なにごともそうですが、いきなり分厚い教科書を読まされるよりも、**実際に手を動かして感じた疑問を調べていくほうが、圧倒的に理解が早いと思います。**

日本株の取引手数料がゼロ
消耗戦の裏にSNS

SBI証券と楽天証券が2023年秋から日本株の売買手数料をゼロにしました。背景にあるのは2024年1月スタートの新NISAです。新たに株や投資信託の取引を始める人が増えるとみられていますが、NISA口座は複数の証券会社にわけることができません。このため証券各社の間で、新規顧客獲得の争奪戦が繰り広げられています。

最大手SBIは営業収益のうち、日本株取引の手数料収入は1割程度の約200億円でした。少なくはありませんが、ものすごく大きな柱というわけでもありません。**ここを無料にして、新規顧客の呼び水にすれば、のちのち他の取引でも利用し、収益につながることを期待しているとみられます。**ネット証券の手数料引き下げ合戦は20年以上続いてきましたが、「無料」という新しい境地に突入したわけです。

実はアメリカでは数年前から手数料ゼロが広がっています。やはり、手数料ゼロを呼び水にし、ほかの手数料収入で収益を確保しています。日本の他の証券会社では無料化に慎重なところもあります。ただ、手数料やサービス面で、業界全体が消耗戦となる可能性があります。

利用者にとってはすなおに朗報でしょう。短期取引を繰り返しても0円です。たとえば、「100万円分持っている株を5万円分だけ売ろう」といったときも、手数料を気にせず、小刻みに売買できます。新NISAで新規顧客が増えることも加味すれば、個人投資家の取引に厚みが増すことも考えられます。取引量が増えることは、株価形成が円滑になるといったメリットもあります。

取引手数料だけでなく、投資信託の信託報酬（運用に対する手数料）も年々低くなっており、新NISA対応でさらに安くする動きも広がっています。

運用会社は手数料を安くしても、多くの人に支持され、運用残高が膨らめば一定の収入を得られます。たとえば、信託報酬1％で100億円を運用していても、信託報酬0・1％で1000億円を運用していても、年間の報酬は1億円ですよね。このように、信託報酬を引き下げて、巨大な投資信託が顧客をとりにいくという流れがここ数年で広がっています。

こうした手数料競争にはSNSの普及も影響しているとみられます。

S&P500や全世界株式（オールカントリー）などインデックス型の投資信託は信託報酬の低いものが多く、SNSでもよく話題にあがるようになりました。従来型の広告だけでなく、個人の発信が増えたことで、初心者も低コストの投資に気づきやすくなった面があります。

後藤自身の投資

この章では、投資の方法をいろいろ語っていくわけですが、「じゃあ、おまえはどうなんだ」といわれそうな気がしています。

ここでは私自身がどういう投資をしているか話します。そのほうが投資のイメージがわきやすいと思いますし、説得力も増すと思うからです。

私の投資の基本的な方針をいくつか箇条書きしていきたいと思います。

先にいっておくと、かなりスタンダードな投資戦略です。

・基本は「長期」で運用する

一度買った株や投資信託の大半は短くとも数カ月、長ければ何年も持つ方針です。「短期売買」より「長期投資」のほうが多くの個人にあっていると思うからです。

・分散して投資する

日本株や海外株、債券などに分散します。

通貨別だと、ドルを中心に外貨の割合を高めにしています。投資信託を活用して、低コストで効率的に分散をはかります。個別株にも投資しますが、日本やアメリカで10銘柄以上持つことで分散効果をきかせます。

・買うタイミングも分散する

毎月、なにがしかの株や投資信託を買っています。私はいま収入が安定した会社員ではなく、不安定なフリーランスなので、定額積み立てではありませんが、毎月株や投信を買うことで、買う「タイミング」も分散させています。

・NISA、iDeCoをフル活用

税制優遇があるので、株式や投信を買うなら基本的にこの制度を活用すべきです。これは長期・分散投資とも相性がいいです。

NISAやiDeCoの解説はネットや書籍であふれているので、この本では省きます。

簡単にいうと、通常の投資は値上がり益や配当には、約20％の税金がかかります。しかし、NISAもiDeCoも基本的に免除されます。また、iDeCoは投資した分が所得から控除されるため、所得税や住民税が軽減されます。

この制度がいくらまで使えるかは時期や個々人の状況によりますので、ウェブサイトなどでご確認ください。

と、ざっくりお伝えしましたが、そのうえで、「長期」「分散」「積み立て」について、次項で深掘りしていきましょう。

「短期」は個人が勝つのは難しい

「長期投資がいい」と話しました。ここでは先に短期売買で儲け続ける難しさからお伝えします。

デイトレーダーというように同じ日に買いと売りを繰り返し、その値ざやで儲ける投資家がいます。数日から数週間といったもう少し長い期間で収益を狙う人もいます。

ただ、こうした短期取引でしっかり収益を上げられる個人投資家は一握りだといわれます。 相場の雰囲気を読む能力、短期間に大きな値動きがあっても取り乱さない精神、目を皿のようにしてニュースや投資情報を追い続ける労力、そして運……など、重たい要素が必要になってきます。

「何百万円」「1億円」といった成功ストーリーは刺激的ですし、飛びつきたくなる人がいるのもわかりますが、簡単に再現できるものではありません。

逆にいえば、こうした点に特化して、大組織でやっているところは世界にたくさんあります。個人投資家と対比して機関投資家と呼ばれます。

何百億円もシステム投資し、世界中の価格変動を分析し、投資のタイミングを探るファンドもあります。HFTといって、ミリセカンド（千分の1秒）単位でプログラムの取引をするところもあります。新たなニュースが出れば1秒もたたぬうち、価格への影響を判断するプログラムもあります。そして、高い報酬でたくさんのアナリストを雇い、質の高い分析をするチームもあります。

こうした組織に、短期取引でひとりの人間が立ち向かうのはかなり難しいといえます。必ず負けるというわけではありませんが、何度も勝負を積み重ねていくと、トータルでは負けてしまう可能性がかなり高くなってしまうわけです。


もうひとつ、短期取引には金銭面以外のコストもあると思います。

私自身、活発に短期取引した時期があります。幸い、大きな損失にはつながらなかったのですが、おカネ以外のコストがありました。**日常生活も相場に振り回されてしまうということです。**

短期売買を繰り返していると、「いまは売買するタイミングか」「いまの価格はどうか」

という意識がものすごく強まります。スマホを触るたびに株価や為替をチェックするようになり、「いま取引しなければ」という思いに駆られることも多くなります。

儲かり続ければいいかもしれませんが、当然損することも多々あります。そのたびにストレスがかかります。

さらに米国株の短期取引で多くのポジションを持っていると、寝ているときに目が覚めては株価をチェックしてしまい、睡眠が浅くなるといったことも起こりえます。

おカネも大事ですが、心が不安定になったり、睡眠が浅くなったりすることは人生にとって、とても大きなコストです。仮に利益が積みあがったとしても、心身が不調だと、実りある日々とはいいがたいでしょう。ましてや損失が大きく出た場合のダメージは本当に大きくなってしまいます。

こういった経験もあって、いまは短期取引をせず、余裕を持って日々の値動きや自分の資産状況をチェックするようにしています。

「長期」は個人で投資する人のほうが有利

前の項目で、短期取引は機関投資家のほうが有利という話をしました。

一方、長期投資は実は個人投資家のほうが有利な面があります。

投資ファンドや年金、投資信託などは、毎月毎月のパフォーマンスが厳しい評価にさらされます。「10年後に花開いていればいいや」と悠長にかまえてはいられません。数カ月から1～2年で運用成果を出さないと、ファンドの人気がなくなったり、運用者の報酬が減ったりします。運用がうまくいっていても、そのファンドにおカネを託している人がおカネを引きあげ始めると、運用資産を売却して、おカネを返さないといけません。

たとえば金融不安が起こるとパニック状態に陥り、ファンドから資金を引き出そうとする人が殺到します。そのとき、ファンドマネジャーが「ちょっと待って！　もう少し我慢すれば、1年後には株価は上がっているから！」と思っていても、お客さんが「いやいや解約」といわれれば、どうにもなりません。持っていたら上がる株でも、有無をいわさず売却に迫られます。大きなファンドだとその売りがさらに下落圧力にもなりかねません。

機関投資家というと、個人投資家より優れていそうなイメージがありますが、こうした弱みもあるわけです。

その点、個人はどうでしょうか。

仮に運用資産が短期間に20％下落しても、それがすぐには生活に影響しない余裕資産なら、あわてて売らなくてもいいわけです。「長い目で見れば株は上がるはず。下がっているならむしろ淡々と買い増せば、また戻るでしょ」というスタンスで通せます。

ここ数年ではコロナショックのときに株価が急落しました。あわてて売ったプロもいますが、**淡々と買い増していれば、大きな利益になっていたでしょう。**２０２２年に株価が大きく下がりましたが、２０２３年は大きく上昇しました。

自分自身の資産ですから、投資判断の決定権は１００％自分自身にあるわけです。そして、それは一時的ではなく、10年でも30年でも人生が続く限り、無期限にあります。

当たり前のことのようですが、機関投資家にはこれができません。

短期取引では機関投資家が有利なわけですが、長期投資においては個人と機関投資家はフェアに近いか、むしろ個人のほうが強い面もあるわけです。

分散投資が王道、集中投資は高リスク

過去数年の米国株でいうと、テスラやエヌビディアに一点投資していれば、資産は大きく膨らんだと思います。私も「テスラやエヌビディアを何年も前にたくさん買っていれば……」などと想像したこともあります。

しかし、それは結果論です。株価が将来10倍にもなる銘柄を事前に高い確率でみつけることは至難の業です。

むしろ、数少ない銘柄に集中投資すると、株価が大きく下落したときの痛手は大きくなります。持つ株式の数を増やせば、痛手を負うリスクを小さくできます。10銘柄あれば、**仮に1銘柄が30%下落しても、全体の資産としては3%の下落ですみます。**

たとえばアメリカの大型株でも、アップル、ビザ、ファイザー、コカ・コーラ、ウォルト・ディズニーといったようにわけて持てば、全部がそろって転げ落ちることは考えにくいです。

国・通貨も分散しよう

そして、単に株だけを分散するというのではなく、国と通貨もうまく分散したほうがいいでしょう。

第1章でお伝えしたように、円安・ドル高がどんどん進んだ場合、iPhoneにしても、食品にしても、海外旅行にしても、同じ100万円払っても買えるものが減ってしまいます。この場合にもし、ドルやユーロなど外国通貨建てで持っていれば、このリスクを抑えることができます。

もちろん円高になれば、「外貨を持っていないほうがよかった」となるわけですが、**全資産を円で持っていることは、円安になったときの備えが弱すぎるといえます。**

どれくらい外貨で持っておくべきかは、資産額や年齢、家族構成にもよりますが、余裕資産の30~50%程度が目安になると思います。

では、具体的に外国通貨建てをしたい場合、何をすればいいでしょうか。

最近はアメリカの個別株も買いやすくなりましたが、「日本の個別株ですら何を買えばいいかわからないのに、米国株なんて……」という方もいらっしゃると思います。

実際、初心者がきちんと分散しようとすると、かなりの手間と勉強が必要になります。

個々の資産やライフプランに応じて、プロがアドバイスしてくれるサービスもありますが、当然手数料がかさみます。

そこで初心者におすすめなのが投資信託です。

「投資信託」。なんとなく知っている方も多いと思いますが、次項で簡単に紹介します。

「投資信託」これだけ知っておこう

日本国民がもっている日本株（上場株）の総額って、いくらくらいでしょうか。答えは123兆円（2022年末）です。

では、投資信託の総額はいくらかというと、86兆円です。株には及びませんが、結構幅広く保有されていることがわかりますね。

それだけ便利だということです。

「分散」が大事だといいましたが、たくさんの銘柄を選んで、注文して、管理するのは大変です。**それをある程度、任せてしまう（信託）パッケージが投資信託です。**「投信」と略されることも多いので、以後は「投信」と記します。

たとえば「日経平均株価」やアメリカの「S&P500」という言葉を聞いたことがあると思います。それぞれの国の代表的な銘柄を束ねた指数です。

投信とは、日経平均やS&P500に登場する銘柄を束ねて、それを小口で販売しているようなものです。

具体的にいうと、一般の個人では、日経平均やS&P500などに選ばれている企業の株すべて何百銘柄を買うことは到底無理です。

しかし、運用会社がAppleやAmazonなどのS&P500の企業の株を代わりに買い、それを1万円といった小口にして切りわければ、多くの人が買えるようになります。積み立てでは1000円や100円といった単位でも投資できる証券会社もあります。

最近は投資信託の手数料が安くなり、利便性も高まっています。長期投資や分散とも相性がよく、初心者の最初のステップとしておすすめです。

表は日本で資産残高の多い（人気が高い）投資信託トップ10です。アメリカ株へ投資できるものがかなり多くなっています。

次からは「迷ったら何を買えばいい？」をお伝えします。

資産残高の多い投資信託トップ10

1	eMAXIS Slim米国株S&P500
2	アライアンス・バーンスタイン・米国成長株投信D
3	eMAXIS Slim全世界株式（オール・カントリー）
4	SBI・V・S&P500インデックス・ファンド
5	楽天・全米株式インデックス・ファンド
6	GESGハイクオリティ成長株式ファンド（為替ヘッジなし）
7	世界厳選株式オープン〈為替ヘッジなし〉（毎月決算型）
8	ピクテ・グローバル・インカム株式ファンド（毎月分配型）
9	アライアンス・バーンスタイン・米国成長株投信B
10	GSテクノロジー株式ファンドB（為替ヘッジなし）

（出所：QUICK FactSet 2023年12月）

〈5−1〉

迷ったらS&P500

何から手を付けていいかわからないときは、まず「S&P500」の投資信託を少額、積み立てで始めるのがいいと思います。

さきほどの、投資信託人気ランキングの首位だった「eMAXIS Slim 米国株S&P500」を見てみましょう。

購入時の手数料はゼロで、年間の手数料も0・1%程度とコストが低く、多くの人に利用されています。念のため断っておきますが、私はこの投資信託の運用会社から1円も宣伝料などをいただいていませんし、関係する会社や職員に恩義もありません。

では、なぜS&P500がいいのか、説明しましょう。

理由は大きくふたつあります。

①わかりやすい

②世界経済の成長の恩恵を受けられる

です。

S&P500の上位に組み入れられているのは、Apple, Microsoft, Amazonなど、巨大テック企業です。ビザやジョンソン・エンド・ジョンソン、コカ・コーラなど伝統的なアメリカ企業も入っています。

海外に分散投資といっても、**よく知っている企業に投資するほうが安心感があります。**長期投資ともなればなおさらでしょう。

ふたつめのポイントは「世界経済の成長の恩恵」です。

巨大なアメリカ企業はアメリカだけで儲けているわけではありません。みなさんがこうした企業名をご存じのことから明らかなように、日本でも大展開していますし、世界中でビジネスをしています。

つまり、世界が経済成長すれば、アメリカの主要企業も儲かりやすく、株価も上がりやすいという構図なのです。もし日本経済が世界経済に後れをとったとしても、アメリカ株に投資していれば、世界経済の成長の恩恵を受けられます。

投信には、S&P500以外にもアメリカ株全体や、**「オールカントリー(オルカン)」**と呼ばれる全世界の株式を対象にしたものも人気があります。

これらでもほぼ同じ効果が得られます。

アメリカ企業だけでなく、欧州やアジアの企業にも分散したいという人は全世界型を選ぶのもよいでしょう。

こうした投信を買えば、海外の株を持つと同時に、資産は基本的にドルなど外貨建てになります（為替の影響を受けない投信もあります）。このため、通貨の分散も利かせられます。

ご自分で運用経験を重ねてくれば、債券や不動産、原油などさまざまな商品に分散投資してみることもいいと思います。

ただ、初めの段階からそこまで計画を練るのは大変です。**まずはS&P500や全世界株式を少しずつ積み立てることで、運用の感覚を身につけるのがいいと思います。**

全世界株式は2023年12月時点ではアメリカが60%ほどを占めています。幅広い国に分散されますが、先進国の比率が高く、長い目ではS&P500と収益は似た動きをします。

手数料の高い投信が、いい投信とは限らない

投信には大きくふたつの手数料があります。

1, 販売手数料

2, 信託報酬

です。

1の販売手数料とは、投信を買うときに支払う手数料です。無料の場合もあれば、3%といった金額がかかることもあります。**銀行窓口など人手を介する場で購入すると、手数料が高めになる傾向があります。**

2の信託報酬はランニングコストです。たくさんの銘柄を束ねて日々管理している分として、信託会社に、年○%というコストを払います。

かかるコストにも差があり、日経平均やS&P500のような株価指数の投信は0%台前半と安いものが多くなります。その一方、プロのファンドマネジャーが銘柄を選別する「アクティブ」と呼ばれる投信の場合、日経平均やS&P500とは違い、年数%もの信託報酬がかかる場合があります。

ここで注意すべきは「プロが厳選」などと説明されると、すごく成績がいいように思えてしまう点です。

もちろん、S&P500などの株価指数を上回る成績を出すアクティブ投信もありますが、**実は株価指数よりも成績の悪い投信もたくさんあります。**過去の長期間の実績を見ても「アクティブのほうが成績がいい」「信託報酬の高い投信のほうが成績がいい」とは限りません。

ここで覚えておくべきなのは、信託報酬は明確なコストの差として毎年のようにのしかかってくることです。信託報酬が3%なら、単純計算で10年間で30%も手数料として抜けてしまうわけです。

アクティブ投信を一律に悪者扱いするつもりはありません。その投信の運営方針に深く共感するのであれば、手数料を納得のうえで、購入することはいいことだと思います。**ただ、長期投資になると手数料は決して無視できるものではありません。**また、退職金でまとめて投信を購入するといった場合も、手数料の総額は非常に大きくなるので気をつけてください。

投信を買うときには販売手数料と信託報酬はよくチェックしてください。繰り返しですが、**安いものは販売手数料がゼロで信託報酬が年0・1%程度です。そして、手数料が高いといいわけではありません。**

ほかの投信と比べずに、販売員などにすすめられるがままに投信を買うというのは避けるべきです。

「時間」も分散

NISAの普及とともに「つみたて」の利用がかなり広がりました。文字通り、毎月などの頻度で、積み立てていく方法です。

積み立てでは、投資のタイミングを考えずに、機会的に淡々と投資していきます。このため、**「あまり投資のことに時間を割けない」という人に便利です。**

そしてもうひとつ大事なポイントがあります。

つみたては、**買うタイミングも分散できるということです。**

もし、投信の価格が天井に近いところで、まとまった金額を投信購入に回した場合、のちに価格が下落すると、資産が回復するのに時間を要してしまう場合があります。

もちろん、価格が底のときにまとまった金額で買えれば大きな利益を得られますが、**それはプロでも見極めが難しく、運に左右される面が大きくなります。**

毎月一定額を買うことにすれば、高値でたくさん買ってしまうことから逃れられます。

たとえば、**単純に20年間積み立てを続けていれば、その20年間の平均価格が購入単価に近くなるはずです。**

株価や投信は「数十年という長い目で見れば、上がる可能性が高い」と話しましたよね。であれば、積み立てを続けていれば、長い目で報われる可能性も高くなります。

２０２３年までの「つみたてNISA」は年40万円まででしたが、２０２４年からの新NISAでは「つみたて投資枠」「成長投資枠」をあわせた年間上限は３６０万円になります。つまり月換算で30万円もの税制優遇があるわけです。

毎月の余裕資金の一部をNISAを活用し、投信を買い増していくのは初心者が手軽に始める投資としておすすめです。

海外に投資をするなら、為替にも意識を持とう

米国株に投資をすれば資産の一部が自動的にドル建てになります。

２０２０年はじめにＳ＆Ｐ５００連動の投資信託（円建て）を買った場合、どうなるかを考えてみましょう。２０２３年12月15日時点でＳ＆Ｐ５００は46％上昇しています。同時にこの間、34円ほど円安・ドル高が進んでいます。表のように円換算で見ると、上昇率は91％となります。

円安が進めば、海外資産は円換算で上昇します。逆に円高になると、海外資産は円換算で下落します。海外株の投信を積み立てていれば、ＦＸや外貨預金をしていなくても為替の変動が資産に大きく影響してきます。

このため「為替レートが動こうが私の生活にはあまり関係ない」などと考えるのではなく、自分事としてニュースを見ることが大切です。そういう意識を重ねているうちに第３章で話した金融政策も絡み合うようになり、知識や好奇心が有機的に結びついていきます。

100万円のS&P500は？

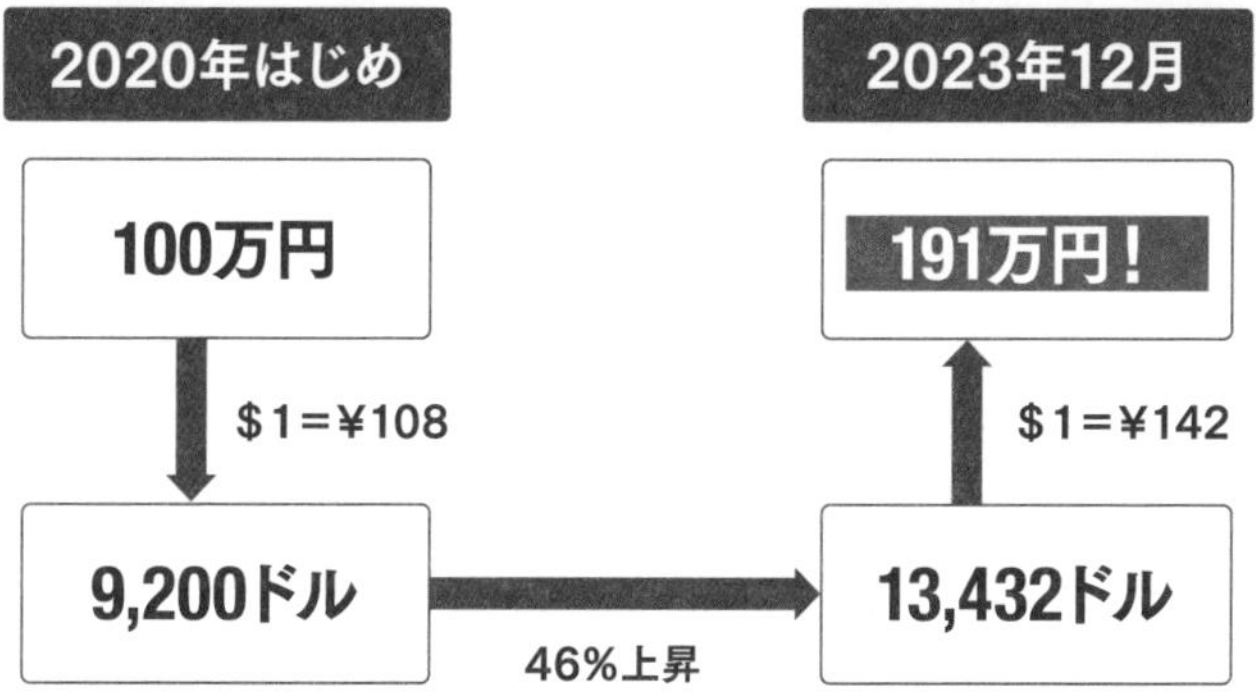

〈5−2〉

S&P500、円換算では……

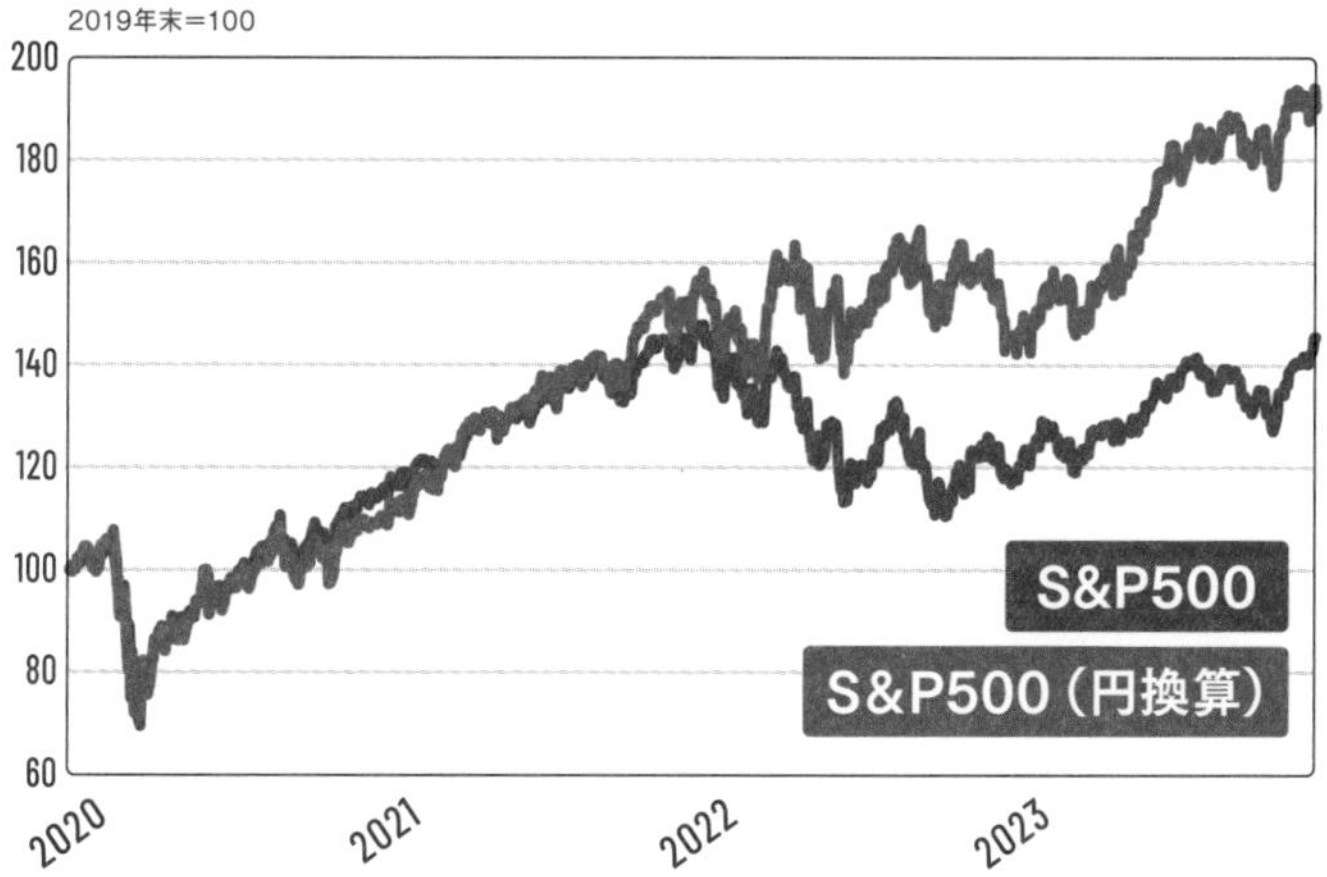

（出所：各種データより著者作成）

〈5−3〉

SNS情報を鵜呑みにせず、自分で判断する

X（Twitter）やYouTubeで積極的に発信してる私がいうのもなんですが、SNSにある情報は玉石混交です。

XやYouTubeには人々の関心を集めて、フォロワー数や再生数の増加につなげようとする人がたくさんいます。そして、**関心を高めるためには、「必勝の株」「株暴落」など、エッジの効いた表現や画像をつくる人が多くなる**のは当然のなりゆきです。

しかし、金融市場は第1章で話したように、さまざまな投資家がうごめくガチンコの綱引きです。**ひとりのYouTuberが断言したことが、必ず実現するというほど簡単なものではありません。**

投資の初心者は、肩書が立派そうな人やフォロワーや登録者が多い人を見ると、「この人はなんでも知っていて、投資の勝ち方も指南してくれる」と思いがちです。

しかし、肩書が立派だろうが、フォロワーが多かろうが、運用がうまいとは限りません。

そして、マーケットというのは長くつきあえばつきあうほど、断定できなくなるものです。「いまが株価の底」「これから上昇する銘柄は○○」などと、**断定している人はマーケット経験が浅いか、自分自身の見通しが当たるかわからないにもかかわらず大げさに演じているケースがほとんどです。**

もうひとつ付け加えましょう。

本当に自分の投資に自信があるならば、わざわざその方法をXやYouTubeなどで公開しません。むしろ、投資に自信がある人は自身の相場観を人に見せたがらないものです。**そして、本当に投資で巨額の利益を得ているのであれば、YouTubeの広告収入も不要なはずです。**

株価が急上昇しているときには、株式投資をしていない人を軽蔑するようなツイートが増えたり、逆に株価が急落しているときは経済の崩壊シナリオを語るツイートも増えたりしがちです。

SNSの情報は振り子のように実態以上に情報が誇張されることも多くあります。同じ発信者でも、数カ月前と真逆の投資戦略を平気で訴える人もいます。なかにはいっているこことが毎週のようにコロコロ変わるインフルエンサーもいます。

ＳＮＳは便利なツールではありますが決して鵜呑みすることなく、企業の発信や専門家の書籍、報道、証券会社の投資情報など幅広い情報源に接し、バランス感を持って、自分の頭で経済や市場の状況を把握することが大切です。

大切なのは「目先の注目」より「長期の信頼」

私のnoteでの情報発信のスタンスについて、少しだけお話しさせてください。

２０２３年末時点で有料会員（月５００円が基本プラン）は2万５０００人ほどいます。正直に申し上げると、２０２２年7月にスタートしてから半年ほどで2万人を超え、２０２３年前半は増加ペースが鈍化、２０２３年後半はザックリほぼ横ばいで、「頭打ち」といったところです。

通常の企業なら、新規会員の獲得に発破をかけられそうですね。

でも、私は新規会員獲得のために無理をしないようにしています。

新規入会をとにかく増やそうとすると、内容が人の目を引くように大げさに書きすぎたり、「オトクですよ」感を必死にアピールしたりしがちだと思います。つまり自分自身の身の丈以上に背伸びしてアピールすることになってしまいます。

でも仮に入会してくださったとしても、しばらくすると見えてくるのは等身大の発信者です。背伸びは長続きしませんし、入会前にみえた「背伸びの姿」と「等身大の姿」にギャップが出てくると、入会した人も出て行っちゃうと思います。

ずっと背伸びして、大げさに言い続けるというやり方もあるかもしれませんが、いつも大げさに叫んでいると発信内容に矛盾や無理が生じてしまいます。オオカミ少年のように信頼を失うことになってしまうのではないかと思います。

むしろ大切にしているのは「既存の会員の方にいかに満足していただき、信頼を重ねていただくか」です。いいかえれば、5年後、10年後も「どんな局面でも後藤さんの記事は煽ったりしていなかったから信頼できる」と思っていただけることを目標に、そこから逆算して日々の記事を書いています。

そして、発信者と読者の信頼が長く続くと、私が読者のニーズをつかみやすくなりますし、私自身が伝えたいことへの読者の理解も深まっていきます。note会員とはオフ会や番組収録を重ねていて、対面でお話ししたことのある方は累計で1000人近くにのぼっています。

会員数や売上高が多いに越したことはありません。ただ、生活や事業を安定して送ることができるならば、無理をした収益追求は不要です。むしろ、「おカネを稼ぐ」優先順位をグーッとさげてこそできるコンテンツやコミュニティー運営があると最近感じています。

経済情報の発信をなりわいにしているのに、自身の運営が資本主義っぽくないというのが少し変かもしれません。ただ、背伸びをしない持続的な信頼構築が、自分自身にとって快適であり、正解ではないか。いまのところ、そう整理しながら日々noteを運営しています。

個別株への投資は、投信にはない学びやおもしろさがある

私は投信も持っていますが、日本やアメリカの個別株にもそれぞれ10銘柄以上、投資しています。

資産形成という意味では投信だけでも十分だと思います。それでも、個別株へ投資するのは、投信にはない学びやおもしろさがあるからです。

いわずもがな、それぞれの企業は強みも弱みもあり、さまざまな不確実要素があるなかで日々経営判断をしています。

個別株に投資するというのはその企業を応援するとともに、当事者になる意味合いがあります。 たとえ運用資産のごく一部だったとしても、長期目的でその企業の株を持つと愛着がわきますし、その企業のニュースが流れると敏感になります。

第1章で、株式投資をすれば、世界のニュースが自分事として理解が深まっていくようになるとお伝えしました。個別株だと、その企業や業界の理解が一気に深まっていくわけ

です。

どの企業の株が上がるのか見抜くのはプロでも難しいことです。このため、「上がる株を見抜く必勝法」などありませんし、この本ではそういう趣旨の話はしません。

ただ、応援したい企業、関心のある企業、自分の勤める会社と関係のある企業の株を買うことは、「値上がり益」とはまた別のベネフィットがあると思います。

その企業を取り巻く経営環境、技術革新、ダイバーシティーや脱炭素への取り組みなどを広く知り、問題意識が深まっていけば、ビジネスパーソンに有用な一般教養となります。最近は10万～30万円程度で1単位（100株など）の株も購入できる例が増えています。

投信を軸にしつつも、ときおり個別株を買い、保有銘柄を数銘柄に増やしていくことは分散という面から見ても問題はないでしょう。

どの銘柄を買うかを考えるときには、**「応援したい企業」**というのを第一に考えるのがいいと思います。

具体的な理由が「社会課題の解決に貢献している企業」、「ダイバーシティーを重視している」、「何十年もきちんと事業を継続し、今後も期待できそう」などなど、それぞれだと思います。普段使っている商品、サービスが好き、というのも立派な理由になります。

そして、その企業の株価はどういう動きをしてきたのか、ライバル企業と比べ時価総額はどうかなど見てみると、だんだん銘柄選びが楽しくなってくると思います。

そのうえで、興味を持った企業のIR（投資家向け広報）のウェブサイトにいってみるといいでしょう。

上場企業なら、インターネットで「企業名　IR」で検索すれば、ウェブサイトが出てきます。上場企業は個人投資家を含め、幅広い投資家に会社の状況を理解してもらおうと努力しています。

決算発表会の説明資料はパワーポイントなどで見やすくまとめている例が多くあります。「統合報告書」では、収益面だけでなく、企業のビジョンや人材活用などさまざまな取り組みをわかりやすい言葉で説明しています。

こうやって企業の状況を学ぶことは株式投資だけでなく、学生の就職活動や、社会人の転職に向けての見識にもつながると思います。

この5～10年ほどでアメリカの個別株投資も日本でずいぶんと普及しました。日本株よりもやや取引手数料が高くなりますが、取引は日本株と同じくらい手軽にできます。数万円で投資できる株も多くあります。

Appleなど日本人になじみの企業は多くありますし、アメリカの主要企業の情報も日本語で得やすくなりました。

アメリカ企業も当然きちんとＩＲ活動をしています。英語のみの場合が多いですが、最近は自動翻訳を使えば、英語が苦手な人でも直接情報にアクセスしやすいでしょう。

世界の時価総額上位10社のうち、最近は8〜9社程度は常にアメリカ企業です。イノベーションを生み続ける国の企業に投資すれば、ＡＩやＶＲ、自動運転などのニュース感度も一気に上がります。

この本では、「投資は資産形成だけでなく、教養になる」ということを一貫してお話し続けてきました。

初心者のステップとしてはまずNISAを活用した投信の積み立てがおすすめですが、ゆくゆくは日本やアメリカの個別企業の株を買い、投資の醍醐味を感じてもらえれば、というのが個人的な思いでもあります。

おわりに

「後藤さんって、経済の話をすると、楽しそうですよね」としばしば指摘されます。

それは誉め言葉で、とてもうれしくなります。「自分自身がワクワクする」ことは仕事をするうえで、とても大切にしていることだからです。

仕事は我慢してやるよりも、楽しんでやるほうが持続できます。そして、本人がワクワクして、そのエネルギーが自然と外にあふれれば、お客さんに響きやすくなると思います。すると、いい反響も返ってきて、ますますワクワクするという好循環に入ると思っています。

「事実は小説より奇なり」といいます。投資の世界はさまざまな要因が複雑に絡み合い、目まぐるしく動き、その帰結が株価や為替レートといった数字として表れます。そこには幾多もの人間ドラマが埋め込まれています。こんな小説は書こうと思っても書けません。

日々激変するわけですから、「この一冊を読めば投資のすべてがわかる決定版」という本をつくることも無理だと思います。だからこそ、この本では「私自身がなぜ経済や投資にワクワクするのか」を伝えようとした一面もあります。

ワクワク感を共有してもらえれば、自然と投資に向き合い、経済情報に接するようになります。社会を自分の目と頭で捉え、適度なリスクもとって行動に移せるようになっていきます。

もともとは「資産形成」「必要な教養」といった実利的な理由から投資の扉を開ける人が大半だと思います。ただ、数多くのnote会員と話していると、「資産形成」「教養」を越えて、投資を通じて、いろんな知識がつながっていくことに素直に喜びを感じている人ばかりです。

表紙の『投資の教科書』というタイトルの上に「転換の時代を生き抜く」という言葉を添えています。値上げ、賃上げ、人生１００年時代、転職、副業、リスキリング――。日本の経済・社会は平成にはみられなかった激変が起こっています。

転換の時代におびえ、現状維持を続けているだけだと、時代に取り残されます。ワクワク感をもって転換の時代に向き合い、行動できる人が広がれば、世の中はもっと明るく、おもしろくなると思います。そんな意識変化を、この本が少しでも後押しできれば幸いです。

後藤 達也
◉ごとう たつや

経済ジャーナリスト
1980年生まれ。2022年に日本経済新聞社の記者をやめ、独立。SNSを軸に活動中。経済ニュースを「わかりやすく、おもしろく」をモットーに、経済や投資になじみのない人を念頭に、偏りのない情報の発信を目指している。国民の金融リテラシーの健全な向上に少しでも貢献できればと思っている。X（旧Twitter）フォロワー63万人、YouTubeチャンネル登録者数26万人、note有料会員は2.5万人。

X（旧Twitter）：@goto_finance
YouTube：youtube.com/gototatsuya
note：note.com/goto_finance

転換の時代を生き抜く
投資の教科書

2024年1月29日　第1版第1刷発行
2024年2月13日　第1版第6刷発行

著者　後藤　達也
発行者　中川　ヒロミ
発行　株式会社日経BP
発売　株式会社日経BPマーケティング
〒105-8308　東京都港区虎ノ門4-3-12
https://bookplus.nikkei.com
ブックデザイン　矢部　あずさ（bitterdesign）
校正　加藤　義廣（小柳商店）
カバー写真　榊原　裕一
カバーヘアメイク　小澤　桜（MAKEUPBOX）
編集　中野　亜海
本文DTP　フォレスト
印刷・製本　中央精版印刷株式会社

本書籍に関するお問い合わせ、ご連絡は下記にて承ります。
https://nkbp.jp/booksQA

ISBN 978-4-296-00153-8